VIVENDO UMA VIDA COM PROPÓSITO

VIVENDO UMA VIDA COM PROPÓSITO

APRESENTADO POR

SHEILA WALSH

Título original: *Living a Purposeful life*

Publisher	*Samuel Coto*
Editora	*Brunna Castanheira Prado*
Estagiárias	*Beatriz Lopes e Lais Chagas*
Preparação	*Eliana Moura Carvalho Mattos*
Revisão	*Beatriz Lopes*
Diagramação	*Sonia Peticov*
Capa	*Douglas Lucas*

Dados Internacionais de Catalogação na Publicação (CIP)
(BENITEZ CATALOGAÇÃO ASS. EDITORIAL, MS, BRASIL)

W19v Walsh, Sheila

1.ed. Vivendo uma vida com propósito / Sheila Walsh; tradução Elis Regina Emerencio. – 1.ed. – Rio de Janeiro: Thomas Nelson Brasil, 2022.

128 p.; 13,5 x 20,5 cm.

Título original: Living a purposeful life.
ISBN: 978-65-56893-88-4

1. Cristianismo. 2. Fé. 3. Literatura devocional. 4. Mulheres cristãs. 5. Mulheres cristã – Conduta de vida. 6. Vida cristã. I. Emerencio, Elis Regina. II. Título.

01-2022/36 CDD: 220.07

Índice para catálogo sistemático:
1. Mulheres cristãs: Conduta de vida: Cristianismo 220.07

Bibliotecária responsável: Aline Graziele Benitez CRB-1/3129

Thomas Nelson Brasil é uma marca licenciada à Vida Melhor Editora LTDA.

Rua da Quitanda, 86, sala 601A — Centro
Rio de Janeiro — RJ — CEP 20091-005
Tel.: (21) 3175-1030
www.thomasnelson.com.br

Sumário

Prefácio

Como uma adolescente crescendo numa pequena vila de pescadores na costa oeste da Escócia, eu tinha uma questão que me seguia aonde fosse. Ela aparecia de maneira inesperada em piqueniques e passeios, na escola e na igreja, quando me deitava à noite e quando acordava nas manhãs de inverno aproveitando os últimos momentos antes de levantar da cama. Era uma pergunta simples, porém com um peso enorme: "Qual é o propósito de Deus para a minha vida?".

Eu tinha medo de perder esse propósito. E se Deus fosse me mostrar "O Grande Plano" em um culto numa noite de domingo e eu o perdesse porque fiquei em casa assistindo ao especial de Natal de *Os Waltons*? E se eu começar bem, me desviar do caminho e perder o melhor plano de Deus? E se eu me casar com a pessoa errada ou escolher o emprego errado — Deus vai ignorar a minha vida? Isso significaria que ele não me ama mais tanto assim?

Tinha certeza de que minha salvação estava intacta, mas temia que pudesse perder a missão para a qual Deus me convocou e que, assim, ele a desse para outra pessoa. Eu me imaginei especulando pelo resto da minha vida em que lugar peguei o caminho errado e como a vida seria diferente se eu tivesse ido pelo certo.

O meu entendimento mudou ao longo dos anos. Sei que Deus ama revelar sua vontade para nós. Ele está atrás da nossa lealdade de coração, não do nosso desempenho perfeito. Deus é um Pai amoroso, não um mágico fazendo truques divinos para camuflar a vontade dele.

Com frequência, as pessoas me perguntam nas conferências do Women of Faith®:

Como saber qual é o propósito de Deus para minha vida?

Como saber com quem Deus quer que eu me case?

Como saber qual emprego escolher?

Se eu perder a vontade de Deus, minha vida está arruinada?

Existem certas coisas sobre as quais temos certezas. Sabemos que é o propósito de Deus para nós que o amemos de corpo, alma, mente e coração, e que amemos ao próximo como a nós mesmas; mas e as coisas sobre as quais não temos certeza? A Bíblia não nos diz qual carro devemos comprar ou quantos filhos devemos ter, nem com qual idade devemos fazer isso. Essa liberdade pode ser assustadora às vezes, mas Jesus não quer que vivamos com medo. Ele disse: "O ladrão vem apenas para furtar, matar e destruir; eu vim para que tenham vida, e a tenham plenamente" (João 10:10).

Jesus falou sobre vida, sobre viver em liberdade e não sobre ser guiada pelo medo de que podemos fazer uma escolha errada. Seguir Deus é uma grande aventura. Jesus está conosco, sempre. Não fomos deixadas no escuro. Há sempre um caminho. Bem-vindas à aventura!

Sheila Walsh

Introdução

Há vezes em que, ah, o que não daríamos por uma pequena direção. Imploramos desesperadamente pela orientação de Deus. Quantas vezes já ouvi as pessoas dizendo "Eu realmente quero fazer o que Deus quer que eu faça, mas o que ele quer? Qual é a vontade dele, afinal?"

Luci Swindoll

Existem tantas decisões importantes na vida! Devo me casar? Devo começar uma família? Devo ficar em casa com meus filhos? Devo voltar a estudar? Devemos procurar uma nova igreja? Devemos nos mudar? As crianças vão para uma escola particular? Devo procurar um novo emprego? Na maioria das escolhas que enfrentamos ao longo de nossas vidas, queremos muito fazer a coisa certa. Queremos seguir o plano de Deus para nós. Queremos viver a vida de propósitos que Deus tem para nós.

Todas as pequenas decisões na vida são assim! Tenho tempo de participar de um estudo da Bíblia? Devemos comprar um cachorro? O carro vai aguentar mais um ano? Vamos conseguir dar mais dinheiro para missões? Devo me apresentar para os novos vizinhos? Vou me cansar desse papel de parede daqui a três meses? O que vou cozinhar para o jantar? Deus também tem um plano para nós nas pequenas decisões do dia a dia?

Bem, as lições da Bíblia não são tão específicas. Não é possível virar as páginas da Sagrada Escritura e descobrir que, de acordo com 3Hesitações 21:4, Bernice deve estudar para ser veterinária quando crescer. No entanto, há versículos que realmente dizem: "Esta é a vontade de Deus".

Ensina-me a fazer a tua vontade, pois tu és o meu Deus;
que o teu bondoso Espírito me conduza por terreno plano.

Salmos 143:10

CAPÍTULO UM

Onde há vontade...

"Seja feita a tua vontade,
assim na terra como no céu."

Mateus 6:10

Quando ponderamos as questões importantes da vida, nossas mentes vagam por indagações feitas por muitos. "Quem eu sou?"; "O que devo fazer?"; "Onde devo ir?"; "Por que estou aqui?". Ansiamos fazer algo de valor, ser reconhecidas, nos destacar e deixar um legado. Como cristãs, também desejamos descobrir qual é a vontade de Deus para nossas vidas. Certamente ele já está preparando os alicerces para nossas grandes aspirações. Então, quando as coisas não atendem às nossas expectativas, ficamos perturbadas. E, se elas dão uma volta horrível em direção ao desastre, ficamos perplexas. O que deu errado? Perdemos o momento exato.

O que acontece é que a vontade de Deus é assim mesmo — a vontade *de Deus*. Ele tende a fazer as coisas do jeito dele, no tempo dele, de acordo com o plano dele e com os próprios

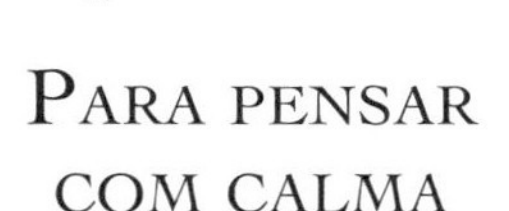

Para pensar com calma

Considere estas duas palavras: *obstinação* e *disposição*. O significado delas é muito diferente. Como você compararia essas duas posturas?

propósitos dele. Deus frequentemente ignora os nossos planos! Ao longo da Sagrada Escritura surge um tema importante: "Meus caminhos não são como os seus!". Às vezes precisamos de um lembrete gentil de que ele não é como nós.

1. Você já tentou argumentar com uma criança de dois anos? Uma mãe pode até começar com bastante calma, mas, quando é confrontada com a resolução obstinada de uma pequena pessoa egoísta, ela se reduz a implorar, subornar, ameaçar, gritar, transigir e até mesmo se render. Como somos uma criança egocêntrica em comparação a Deus?

A maravilha de tudo isso é que o Senhor pode usar qualquer coisa para quaisquer propósitos que ele tiver. Isso para não falar que ele pode usar todo o mundo.

Patsy Clairmont

2. Reflita sobre Isaías 55:8: "'Pois os meus pensamentos não são os pensamentos de vocês, nem os seus caminhos são os meus caminhos', declara o Senhor". Como nossa perspectiva limitada afeta a nossa vivência no dia a dia?

Às vezes nos encontramos em um conflito de vontades. Os caminhos de Deus não são o que tínhamos pensado que seriam. No meio de situações problemáticas, Deus não nos despreza pelas nossas simples perguntas. Ele nos dá boas-vindas para derramar nossos corações perturbados diante de seu trono. Na verdade, quando nossa dor é muito profunda, seu Espírito Santo lamenta por nós.

Mais de um dos profetas escolhidos por Deus perguntou-lhe "Por quê?". No entanto, no final de cada discurso retórico, Deus lembra gentilmente aos meros humanos como as coisas são. Alguns de nós precisam ser colocados nos seus lugares de vez em quando.

Portanto, Deus tem misericórdia de quem ele quer, e endurece a quem ele quer. Mas algum de vocês me dirá: "Então, por que Deus ainda nos culpa? Pois, quem resiste à sua vontade?" Mas quem é você, ó homem, para questionar a Deus? "Acaso aquilo que é formado pode dizer ao que o formou: 'Por que me fizeste assim?'" O oleiro não tem direito de fazer do mesmo barro um vaso para fins nobres e outro para uso desonroso? E se Deus, querendo mostrar a sua ira e tornar conhecido o seu poder, suportou com grande paciência os vasos de sua ira, preparados para destruição?

Que dizer, se ele fez isto para tornar conhecidas as riquezas de sua glória aos vasos de sua misericórdia, que preparou de antemão para glória.

Romanos 9:18-23

3. Leia Romanos 9:18-23 acima. Você já se sentiu como o vaso de barro que diz "Por que me fizeste assim?". Gostaria de perguntar a Deus "Por quê?" sobre algum aspecto da sua vida?

4. Temos certa resistência quando nos dizem o que devemos fazer. Somos incentivados constantemente a lutar pelos nossos direitos, valorizar a individualidade, encontrar nosso próprio caminho, exercitar nosso estilo único. De acordo com Romanos 9, quais são os direitos de Deus? E os nossos?

Todos os povos da terra são como nada diante dele. Ele age como lhe agrada com os exércitos dos céus e com os habitantes da terra. Ninguém é capaz de resistir à sua mão nem de dizer-lhe: "O que fizeste?"

Daniel 4:35

5. Não se engane. Embora tenha suas próprias motivações, Deus está operando em nossas vidas. Filipenses 2:13 nos lembra que "é Deus quem efetua em vocês". O versículo continua e explica o motivo de ele estar operando: "tanto o querer quanto o realizar, de acordo com a boa vontade dele". O que Paulo quis dizer com "tanto o querer quanto o realizar"?

6. Dê uma olhada em Romanos 12:2. Como Paulo define a vontade de Deus?

> *Quando Deus diz que seu propósito vai permanecer e que ele faz o que lhe agrada, minha parte nisso tudo é sentar humildemente, receber o que for que ele tenha planejado para mim e acreditar no que vejo.*
>
> Marilyn Meberg

Somos insignificantes. Comparadas a Deus, somos nada. Somos folhas de grama. Somos grãos. Nada além de pó (Salmos 103:14). Que... encorajador? Talvez tenhamos superestimado o nosso valor?

Mas espere! Deus nem sempre nos humilha. Com frequência a Sagrada Escritura nos lembra de que somos preciosas aos seus olhos. Embora sejamos muito pequenas, fomos criadas para glorificar a Deus em nossas vidas.

7. Lembra-se da música *Jesus Loves the Little Children* [Jesus ama as crianças, numa tradução livre]? O último verso afirma: "vermelho e amarelo, preto e branco, elas são preciosas aos seus olhos". Deus tem um plano e um lugar para cada uma de suas filhas preciosas. Leia João 6:39. O que Jesus diz sobre a vontade do Pai?

> *Eu não sou uma reflexão tardia. Todo o pré-planejamento inspirado no amor de Deus para cada uma de nós não é casual ou impessoal. O tempo dele pode me abalar ou o seu plano soberano pode me entristecer, mas estou sempre protegida em sua mão soberana. Posso descansar nisso? Posso parar de resistir a isso? Nem sempre, mas é minha humanidade interferindo na minha aceitação da divindade dele.*
>
> Marilyn Meberg

Aprofundando

Leia Salmos 95:10 e Hebreus 3:10. O autor da epístola aos Hebreus está citando uma passagem dos Salmos e fala das pessoas que não conhecem os caminhos de Deus. Compare essa passagem com a linda descrição em Isaías 58:2, em que as pessoas sentem prazer em conhecer os caminhos de Deus!

Refletir e Orar

Nesta semana, ore a Deus pedindo que ele abra seus olhos para enxergar as pessoas e as coisas ao seu redor da maneira que ele as enxerga! Permita que ele ajude você a distinguir entre as coisas que são efêmeras nesta vida (como séries de televisão, unhas feitas na manicure e casas impecáveis) e as coisas que durarão pela eternidade (como Deus, a Palavra dele e as pessoas). Peça a ele que molde sua vida e use-a para a glória dele.

De Bugigangas a Tesouros

No final de cada lição, você receberá um pequeno presente. Embora seja imaginário, servirá para lembrá-la das coisas que aprendeu. Pense nele como uma lembrancinha! Lembrancinhas são pequenas bugigangas que compramos nas viagens para lembrar dos locais onde estivemos. Elas não nos deixam esquecer os caminhos por onde viajamos. Esconda esses pequenos tesouros no seu coração, para refletir sobre eles; assim, tais tesouros levarão você para mais perto de Deus!

Nosso pequeno presente desta semana é um vaso de barro, para nos lembrar de nossa pequenez e fragilidade comparadas ao nosso grande Deus. Embora um vaso humilde seja feito de lama, foi moldado de maneira a torná-lo útil. Lembre-se de que não importa quanto o molde do seu vaso pareça sem forma, Deus escolheu colocar as riquezas e glórias dele nesse vaso.

Anotações e Pedidos de Oração

CAPÍTULO DOIS

O RELACIONAMENTO É A VONTADE DE DEUS

"QUEM FAZ A VONTADE DE DEUS, ESTE É MEU IRMÃO, MINHA IRMÃ E MINHA MÃE."

Marcos 3:35

Já precisou preencher um formulário? Você conhece o tipo: nome, data de nascimento e número do CPF. Então surge uma linha que sempre é motivo para pausa: "Qual é sua afiliação religiosa?". Com as sobrancelhas franzidas, penso e considero minhas opções. Algumas das minhas primeiras memórias são de longos bancos de madeira e vitrais. Depois meus pais mudaram para uma igreja completamente diferente, onde as mãos eram erguidas e a adoração era bastante sonora. Então, na pré-adolescência, fui matriculada em uma escola conservadora, onde os cabelos dos meninos e as bainhas das saias das meninas eram monitorados de maneira rigorosa. Se os cristãos tivessem *pedigree*, eu seria considerada uma vira-lata!

PARA PENSAR COM CALMA

Quais relacionamentos na sua vida mais moldaram a sua caminhada cristã? O que essas pessoas te ajudaram a enxergar no seu dia a dia?

Como preenchemos esse campo do formulário? As pessoas que elaboram essas listas realmente desejam esse tipo de informação? Elas se importam? Declaramos uma preferência confessional? Com um suspiro, escrevo cuidadosamente a palavra *cristã* no formulário.

As pessoas que elaboram essas listas nos categorizam de forma simples como adeptos de uma das diferentes religiões que existem por aí. Elas não têm ideia do significado que essa única palavra carrega. Não somos *apenas* cristãos, em oposição a pessoas de outros grupos religiosos. Somos cristãos — escolhidos, perdoados, redimidos, salvos, mudados, preenchidos, selados, adotados e agradecidos! Para eles é só uma resposta para preencher um campo em branco. Para nós, é tudo! O cristianismo não é somente uma religião — é um relacionamento.

1. Deus prometeu preencher os vazios nos nossos relacionamentos. Ele é o pai do órfão, o marido da viúva, o amigo do solitário, o irmão daquele que crê. Fazer a vontade Deus garante a nossa relação com ele. Como Deus supre a sua necessidade dele?

2. Leia Marcos 3:35. Fazer a vontade de Deus resulta em qual tipo de relacionamento?

> *Se eu pudesse dizer apenas uma coisa, seria algo simples e direto ao ponto: Deus sabe tudo sobre você. Ele sabe sobre os seus dias bons e sobre os dias ruins. Ele sabe quais são seus pensamentos nobres e os vergonhosos. Ele vê sua devoção e sua indiferença. E ele te ama — totalmente, de maneira completa e apaixonada, sem limites. Para sempre.*
>
> Sheila Walsh

3. Certo, você crê em Deus e tem um relacionamento com ele. Ótimo! A próxima pergunta mais lógica parece ser: "Certo, o que faço agora?". A resposta é surpreendente! João 6:29 diz: "A obra de Deus é esta: crer naquele que ele enviou". Deus quer que os crentes creiam nele. O que isso significa?

4. Se realmente levarmos Deus a sério e seguirmos a palavra de Jesus, como nossas crenças afetarão nossas vidas no dia a dia? Você já permitiu que a sua crença a transforme?

A entrada no paraíso não depende das coisas que fazemos corretamente, graças a Deus! A redenção baseia-se na obra consumada de Cristo na cruz. Quando Jesus morreu, ele fez isso por você, por mim e por nossos corações traiçoeiros que nunca conseguem acertar.

Luci Swindoll

Às vezes, um pai ou uma mãe pode olhar para seu filho e ser atingido em cheio por amor. A emoção é tão intensa, que chega a doer, e, com frequência, traz lágrimas aos olhos. O amor de mãe deve ser um dos sentimentos mais fortes que existem. Por conta desse amor, mães podem fazer as coisas mais estranhas!

Mesmo assim, Deus nos ama mais do que isso. "Por sua decisão ele nos gerou pela palavra da verdade, para que sejamos como que os primeiros frutos de tudo o que ele criou" (Tiago 1:18). Ele também fez coisas incríveis por nós! Como é surpreendente descobrir que o Mestre do Universo tirou algum tempo para construir relacionamentos com amigos e discípulos. "Já não os chamo servos [...] Em vez disso,

eu os tenho chamado amigos" (João 15:15). A amizade foi oferecida a todos nós também.

5. Leia 1Timóteo 2:4. É uma declaração esclarecedora do que Deus quer. O que Paulo diz nessa passagem?

6. Na verdade, Deus está tão ansioso pela nossa salvação, que está permitindo que o tempo passe para que mais e mais de nós nos tornemos cristãos. De acordo com Mateus 18:14, o que Jesus diz que não é a vontade de Deus?

7. Você não fica frustrada com as pessoas que parecem não entender o objetivo do uso do relógio? As crianças demoram quando têm que arrumar o quarto; nossos amigos nada pontuais parecem não se lembrar do horário que combinamos de nos encontrar no parque. Pedro encontrou pessoas que criticavam Deus por ser muito lento. Leia 2Pedro 3:9. Essa demora é proposital? Quem você acha que pode se beneficiar da demora de Deus?

Como cristã, o Espírito Santo está guiando você na direção de Deus. Existe um anseio por sua Palavra, por oração. Esses são os tijolos da construção de um relacionamento — relacionamento divino! Embora não possamos enxergar esse novo Pai, esse novo Irmão, esse novo Amigo, não há dúvidas sobre sua presença. Ele escolheu você e lhe dá boas-vindas para conhecê-lo melhor. Deus nos garante que tem um plano para nossas vidas — um propósito para nós aqui.

Apesar de os propósitos dele ficarem claros apenas com o passar do tempo, você pode seguir em frente com confiança. Ele a conduziu até agora em segurança, e, com certeza, continuará conduzindo!

8. Muitas mulheres elegem Jeremias 29:11 como o versículo de suas vidas. Leia-o! Por que as palavras de Deus nesse versículo trazem tanto conforto e confiança?

Não há garantia de que, se tivéssemos vivido uma parte de nossas vidas de maneira diferente, as coisas acabariam diferentes. Temos que confiar no Deus do universo que dirige o resultado de todas as coisas que ele fará, o que em última instância precisa ser feito (apesar de nós, se necessário).

Patsy Clairmont

9. Qual é outro aspecto dos propósitos de Deus encontrado em 1Coríntios 1:1?

10. O chamado nem sempre envolve o ministério cristão em tempo integral. Algumas mulheres podem receber o chamado para ser esposas e mães. Outras para ser amigas, ajudantes, encorajadoras, intercessoras, ouvintes, professoras, conselheiras, protetoras, líderes e motivadoras. Você sente o chamado de Deus na sua vida? Em qual nicho se encontra nesse momento?

APROFUNDANDO

Como construir um relacionamento com alguém que você não pode ver? Hoje em dia, as pessoas estão tentando fazer isso o tempo todo na internet! Mas estamos falando sobre Deus aqui, e ele não parece ter um endereço de e-mail. Às vezes nossa busca por Deus pode parecer unilateral, mas vamos ler algumas passagens que nos asseguram que Deus pode ser encontrado e conhecido.

- Deuteronômio 4:29
- Mateus 7:7
- Provérbios 8:17
- Atos 17:27
- Jeremias 29:13

REFLETIR E ORAR

Nesta semana descobrimos maneiras de aprofundar nosso relacionamento com Deus. Escolha uma passagem da Sagrada Escritura para ler e reler. Memorize um dos versículos da seção *Aprofundando*.

Faça uma caminhada de oração e conte a ele como foi o seu dia. Coloque um louvor para tocar enquanto lava a louça. Comece a registrar num diário as suas orações. Escreva um e-mail para ele! Ore para que Deus recompense sua busca sincera se revelando a você.

DE BUGIGANGAS A TESOUROS

Nesta semana, nosso símbolo é um lembrete de que temos um relacionamento, não apenas uma religião. Já ouvimos falar de anéis de amizade e de promessas, anéis de compromisso, anéis de casamento e anéis de aniversário. A superfície dos nossos dedos se torna um lembrete físico do relacionamento que mantemos. Seu presente desta semana é um belo anel para lembrá-la do seu compromisso com aquele que a ama mais profundamente do que as palavras podem expressar. Coloque-o no dedo toda vez que meditar sobre a palavra de Jesus e permita que o que você acredita em seu coração transforme sua vida.

ANOTAÇÕES E PEDIDOS DE ORAÇÃO

CAPÍTULO TRÊS

Os propósitos de Deus são tão misteriosos assim?

"Então lhe perguntaram: 'O que precisamos fazer para realizar as obras que Deus requer?'"

João 6:28

"Como posso saber o propósito de Deus para a minha vida?"; "Estou fora do propósito de Deus nisso?"; "Qual *é* o propósito de Deus para nós?"; "Se for da vontade de Deus, vamos continuar"; "Estou orando para que Deus nos mostre o seu propósito"; "Quero estar na perfeita vontade de Deus para a minha vida!"

Por que a "vontade de Deus" parece algo tão misterioso? Os caminhos de Deus podem ser insondáveis, mas os propósitos dele são incompreensíveis? Em alguns dias não temos certeza de estarmos no caminho certo.

Como encontramos o propósito de Deus para nossa vida? Muitas de nós procuram uma fórmula mágica que determine a vontade de Deus. Algumas de nós tentam coisas bem estranhas

Para pensar com calma

Se você fosse forçada a simplificar a sua vida a itens básicos de sobrevivência, quais desses poucos itens preciosos manteria? De quais itens não essenciais seria mais difícil abrir mão?

para descobrir isso! Momentos de dificuldade podem nos fazer abrir a Bíblia e, com os olhos fechados, apontar um versículo aleatório. Épocas de desespero nos levam a fazer barganhas estranhas. "Senhor, se esse é o seu propósito para minha vida, então que o próximo carro a passar em frente à minha casa seja vermelho!" Procuramos um versículo. Oramos por um sinal. Desejamos que uma seta apareça pintada no céu.

Felizmente, não precisamos abandonar o senso comum na busca pela orientação de Deus! Vamos direto ao que interessa, então. Quais são os passos para descobrir os propósitos de Deus para nós quando estamos enfrentando decisões difíceis?

1. A primeira coisa a fazer é nos voltar para a Palavra de Deus. Luci Swindoll diz: "A Bíblia é bem definitiva sobre a responsabilidade da disciplina de Cristo". Como podemos buscar a Bíblia para aconselhamento nas tomadas de decisão *agora*, sendo que ela foi escrita séculos ou até mesmo milênios atrás?

2. Estamos em busca dos propósitos de Deus para nossas vidas, mas a única forma de agradá-lo é saber o que ele quer! Romanos 2:18 diz: "se você conhece a vontade de Deus e aprova o que é superior, porque é instruído pela lei". Jesus veio com um jeito completamente diferente de fazer as coisas.

> *Nunca entendi nem confiei nas pessoas que dizem "Acordei esta manhã e minha esposa estava fritando bacon. Eu soube que deveria ir para Israel". Acho que Deus tem maneiras mais diretas de guiar seus filhos.*
>
> Luci Swindoll

Leia João 15, sobretudo os versículos de 8 a 12. Quais são algumas dessas coisas pedidas nesse capítulo da Bíblia?

3. Dessa forma, a Palavra de Deus é apenas um guia para a vida? Por que sim ou por que não?

4. A próxima pista nessa busca pela vontade de Deus são as circunstâncias. Você tem alguma história de um momento em que a mão de Deus claramente fechou uma porta na sua vida e abriu outra de forma inesperada?

Nossa família estava crescendo mais do que uma casa de dois quartos conseguia comportar. Era hora de procurar um lugar um pouco maior. Uma placa de "Vende-se" apareceu em uma linda casa perto da nossa igreja. O lugar era amplo e parecia preencher perfeitamente as nossas necessidades. Oramos para que Deus abrisse ou fechasse as portas no nosso caminho. Em seguida, com uma animação difícil de ser contida, fizemos uma oferta pela casa e aguardamos para ver o que poderia acontecer.

Embora o corretor de imóveis nos atualizasse semanalmente, um atraso se seguia a outro. Como não estávamos com pressa, garantimos ao corretor que poderíamos esperar o vendedor resolver os assuntos dele. Os meses passaram e começamos a encaixotar algumas coisas, para o caso de fecharmos o negócio. O Natal estava chegando, e nos perguntamos se deveríamos montar a árvore ou não, no caso de fecharmos o negócio. Os amigos estavam de prontidão para nos ajudar na mudança, caso isso acontecesse.

> *Se não estivermos familiarizados com o manual [a Bíblia] dele, quais são as chances de entendermos seus caminhos?*
>
> Patsy Clairmont

E, então, meu marido recebeu uma ligação. Havia uma oportunidade de trabalho na empresa dele. Significaria uma promoção. Significaria um salário mais alto. Significaria menos tempo no trânsito e mais tempo com a família. E significaria mudar de estado. De repente, a porta da casa "ideal" se fechou. Carregamos nossas coisas, que já estavam encaixotadas, e fomos em direção à porta aberta de uma casa diferente a centenas de quilômetros dali.

Por mais que os atrasos na nossa vida possam parecer frustrantes, é bom lembrar que apenas Deus sabe o que vai acontecer na próxima curva!

5. A terceira coisa a procurar ao tentar compreender os propósitos de Deus para nós é um conselho sábio. Para quem você pede conselhos quando precisa decidir algo?

6. A Bíblia nunca diz para seguirmos sozinhos. Salomão nos dá um sábio conselho em muitos de seus provérbios. O conselho é conseguir bons conselhos! "A sabedoria está com os que tomam conselho" (Provérbios 13:10). O que Provérbios 12:5 diz sobre pessoas que sempre acham que estão certas?

Todas as decisões são grandes decisões? Não! Normalmente, as pequenas decisões da vida são as mais difíceis de lidar. A vida é cheia de escolhas do dia a dia.

Tiro um tempo para cozinhar o jantar ou vou pegar comida no drive-thru de novo? Como outro biscoito ou não? Ostento comprando uma roupa nova ou guardo esse dinheiro para alguma necessidade? Lavo a louça agora ou tiro um tempo para ler para o meu filho? Comprometo-me a ajudar na organização daquele evento na igreja ou deixo a minha agenda livre para minha família? Fico acordada até tarde e assisto a um filme, mesmo sabendo que vou me arrepender amanhã cedo? Resolvo isso agora ou adiciono mais um item à minha lista de tarefas?

> *Se a Palavra de Deus, suas circunstâncias e o conselho de outros se alinharem, e se você sentir a provisão dele, eu diria: "vá em frente". E não se surpreenda se, de alguma forma peculiar, Deus confirmar o chamado.*
>
> Luci Swindoll

Podemos aplicar os mesmos princípios das tomadas de grandes decisões às pequenas escolhas diárias? Pode apostar! O Espírito Santo está lá prontamente do mesmo jeito. Sabemos distinguir o certo do errado — tem sido parte da nossa constituição desde a Queda (Gênesis 2:17; 3:7). Embora muitas dessas pequenas escolhas não nos levem na direção do pecado necessariamente, sabemos no nosso coração quando não escolhemos o caminho mais sensato.

7. Dê uma olhada na primeira metade de Gálatas 3:19. Qual é uma das finalidades da Bíblia ou "da lei" estabelecida nesse versículo?

8. Leia Romanos 7:15-19. Todos nós conseguimos nos identificar com a luta de Paulo. Mesmo quando sabemos do fundo do nosso coração o que temos que fazer, o momento de escolher fazer a coisa certa ainda é difícil. Por que é tão difícil dizer "não" para nós mesmas?

Minha experiência com a inspiração do Espírito Santo tem sido que, quando ele o faz, há em nós uma paz indescritível — no corpo, na mente e no espírito. Nós a sentimos, mas não podemos explicá-la a ninguém que não tenha experimentado isso. E, claro, o Espírito de Deus nunca nos direcionaria a fazer algo contrário à Sagrada Escritura, então temos um guia que pode nos ajudar. Você provavelmente já disse em seu coração em certas situações: "Eu sabia em meu coração que tal e tal era..." ou "Tive a sensação de que...". Esses são provavelmente os momentos em que o Espírito de Deus está inspirando você.

Thelma Wells

9. Então, é um caso perdido? Estamos presos aos nossos pecados? Leia Romanos 6:6-7. Essa promessa encoraja o seu coração? Como essa verdade mudará você a partir de agora?

Aprofundando

Ouvimos as pessoas falando sobre Deus abrindo e fechando portas o tempo todo. Faz parte do jargão cristão. Mas você sabia que a frase "abrir a porta" é bíblica mesmo? Leia os versículos abaixo e veja como Paulo fala da obra de Deus no ministério dele.

- Atos 14:27
- 2Coríntios 2:12
- 1Coríntios 16:9
- Colossenses 4:3

Refletir e Orar

Quando aquelas grandes decisões da vida chegam, você só saberá como lidar com elas no momento. Nesta semana, ore para que Deus possa ajudá-la a se acalmar e a reconhecer as pequenas decisões construídas nos seus dias. Deixe que ele mostre as escolhas que você está fazendo e teste-as contra a palavra e a vontade dele. Crie coragem a partir do conhecimento de que o seu "eu pecador" não tem poder sobre o seu "eu salvo"! Permita que esse momento de introspecção leve-a para mais perto de Deus.

De Bugigangas a Tesouros

O seu presente nesta semana é uma pequena flecha dourada, pequena o suficiente para caber na palma da sua mão. Como as flechas que desejamos que Deus pinte no céu para nós, esse

presente vai lembrá-la da direção que deve seguir. Ao seguir a Palavra dele, além de observar as circunstâncias e os conselhos sábios, você pode buscar a vontade dele com confiança. O tamanho dessa pequena bugiganga também serve como um lembrete. Raramente as decisões que enfrentamos são grandes. Deixe sua flecha lembrá-la de que Deus pode ser glorificado nas pequenas escolhas do seu dia a dia também.

Anotações e Pedidos de Oração

CAPÍTULO QUATRO

Guerra das vontades

"Para que, no tempo que lhe resta, não viva mais para satisfazer os maus desejos humanos, mas sim para fazer a vontade de Deus."

1Pedro 4:2

Em alguns dias eu sou a rainha da racionalidade! Quando a tentação está à espreita, tenho essas conversas comigo mesma. Elas são necessárias para colocar a minha consciência para dormir!

Sou persuasiva. Sou agradável. Sou tão convincente, que me pergunto com frequência se meus talentos não seriam mais bem aproveitados numa agência de marketing — afinal, essas são as feiticeiras que nos convencem a fazer as coisas mais escandalosas. Com habilidade afiada e palavras doces, o mundo nos diz que devemos seguir a nossa imaginação. Se fica bem, tem um gosto bom ou faz se sentir bem, então você precisa disso. Não importa se é bom para nós *de verdade*.

De acordo com esses mestres de vendas e alguns dos *slogans* mais famosos do passado, tudo começa com um

Para pensar com calma

Quando você está se sentindo para baixo, quais são as coisas que melhoram o seu dia? Quais pequenas coisas melhoram o seu humor?

Nescafé (Nescafe®). Dessa forma saberemos que gostoso é viver (Coca-Cola®) e que amamos muito tudo isso (McDonalds®). Daí temos que obedecer à nossa sede (Sprite®). Por quê? Porque você vale muito (L'oreal®). Afinal, sabemos com o que tudo fica melhor (Pringles®). Então, *just do it* [apenas faça, em tradução livre] (Nike®)!

Porém, a Bíblia nos lembra de que *costumávamos* viver para realizar os desejos dos nossos corações e mentes (Efésios 2:3), mas não mais! Agora, precisamos colocar a nossa vontade em submissão à vontade de Deus. Infelizmente, o mundo oferece uma grande torcida para desejos egoístas. É difícil ignorar a falação e a bajulação. Nossas escolhas são muito importantes, embora, por conta da batalha da nossa vontade contra a vontade de Deus, precisamos decidir que a vontade de Deus vai vencer!

1. Para seguir os propósitos de Deus para nossas vidas, somos confrontados com o impulso natural de fazer escolhas egoístas. Quais são os impulsos que facilmente nos levam em direção ao pecado? Leia Gálatas 5:19-21 para ter uma lista abrangente.

2. Que lista desagradável a de Gálatas 5:19-21! Mas vamos dar uma olhada no outro lado! Gálatas 5:22-23 nos apresenta uma lista de frutos do Espírito Santo. Quais são as nove características de nossas vidas quando buscamos os propósitos de Deus?

Que as palavras da minha boca e a meditação do meu coração sejam agradáveis a ti, Senhor, minha Rocha e meu Resgatador!

Salmos 19:1

3. Deus nos pede para contornar naturalmente o que acontece. Os cristãos são um "povo exclusivo de Deus" (1Pedro 2:9), agindo e reagindo de maneira diferente do resto das pessoas do mundo. Você já foi agressiva? Sua atitude assustou alguém ultimamente?

Cristo deseja que experimentemos uma transformação radical. Isso não é estranho? Tudo o que posso dizer é que é bom que nosso Deus seja grande, porque, se formos tão diferentes de nossa natureza humana, ele estará muito ocupado. É um trabalho de tempo integral!

Patsy Claimont

4. Jesus nos guia no caminho do altruísmo. Leia João 6:38 para ver as palavras dele sobre o assunto. Qual foi o incentivo de Jesus para deixar de lado os direitos dele dessa forma? O que levaria *você* a seguir o exemplo dele?

5. Pedro deixa bem claro que é esperado de nós que sigamos o exemplo de Cristo. Leia 1Pedro 4:2. Pelo que Pedro diz que devemos viver?

Recém-motorizado num andador, meu filho começou a explorar o mundo que agora estava ao seu alcance. O novo *status* dele nos forçou a repensar nossas tentativas anteriores de tornar nossa casa à prova de bebês. Enquanto eu removia com firmeza, mas de maneira suave, a mão do meu bebê da sujeira de uma planta, ele me olhou, fez um biquinho e começou a chorar de raiva. Com surpresa assisti à sua primeira birra. Onde ele aprendeu isso? Estava com apenas nove meses! Suspirei com o fato inegável de que meu anjinho era um pequeno pecador, afinal.

Começamos cedo, não é mesmo? O pecado mantém a raça humana sob o domínio do egoísmo. Paulo coloca desta forma: "tendo sido servos do pecado" (Romanos 6:17,20).

> *Pertencer a Jesus significa que você recebeu um transplante de coração. Com esse novo coração, ele lhe dá o poder de ser alegre, enérgico e grato. Valores eternos substituem os valores temporários.*
>
> Barbara Johnson

6. Como saímos da escravidão do pecado para a servidão ao Salvador? É hora de ler Romanos 12:2.

7. Essa é uma transformação única ou um longo processo?

> *Escolha aceitar com coragem, dignidade e humor o caminho que Deus ofertou a você. Não negue a realidade, mas opte por pensar no que é excelente e digno de louvor.*
>
> Luci Swindoll

8. Como fazemos para "renovar" nossas mentes? Encontre as sugestões de Paulo em Filipenses 4:8. Quais coisas na sua vida se encaixam nesses critérios? Existe *outra* coisa além dessas preenchendo sua mente?

9. Somos responsáveis pela nossa própria transformação? O que Deus nos revela em Efésios 2:8-10?

Aprofundado

O dicionário define *deleite* como "ter grande prazer ou alegria". Quando buscamos ao Senhor e encontramos deleite nos caminhos dele, somos mulheres transformadas. Ele molda nossos corações e nos faz desejá-lo ainda mais. No Salmo 37:4, Davi diz: "Deleite-se no Senhor, e ele atenderá aos desejos do seu coração". Essa não é uma promessa para se fazer sempre que quiser. Em vez disso, é uma promessa de que o Senhor transformará o que você deseja! Teremos fome e sede de justiça (Mateus 5:6)! Vamos dar uma olhada em mais alguns versículos que falam sobre a transformação e os deleites do nosso coração.

- Salmos 1:2
- Salmos 94:19
- Isaías 11:3
- Salmos 21:2
- Provérbios 11:20
- Isaías 58:2
- Salmos 51:10
- Jó 33:26
- Romanos 7:22

REFLETIR E ORAR

Pense seriamente sobre a lição desta semana e ore para que Deus a ajude a enxergar onde a mão dele está tocando a sua vida. Consegue olhar para trás e ver as mudanças no seu espírito desde que foi salva? Cante louvores a Deus pela obra dele! Com esse encorajamento, olhe para o dia que está diante de você. Ore para que Deus continue a moldá-la como uma mulher piedosa. Ore para que ele realmente atenda aos desejos do seu coração.

DE BUGIGANGAS A TESOUROS

O pequeno presente desta semana ajudará a lembrá-la de que sua mente está em processo de renovação. Ela é uma pequena lata de lixo! Coloque a lata de lixo ao alcance da vista. As primeiras palavras a saltar na sua mente são "lixo entra, lixo sai". Então, lembre-se dos versículos preciosos de Filipenses 4:8: "tudo o que for verdadeiro, tudo o que for nobre, tudo o que for correto, tudo

o que for puro, tudo o que for amável, tudo o que for de boa fama, se houver algo de excelente ou digno de louvor, pensem nessas coisas". Você é preciosa para Deus e ele está transformando sua vida em algo absolutamente lindo. À medida que procura por ele e pela vontade dele, você preenche sua vida com coisas amorosas e verdadeiras!

Anotações e Pedidos de Oração

CAPÍTULO CINCO

O QUE VOCÊ ESTÁ BUSCANDO?

"QUE É QUE O SENHOR SEU DEUS PEDE DE VOCÊ, SENÃO QUE TEMA O SENHOR, O SEU DEUS, QUE ANDE EM TODOS OS SEUS CAMINHOS, QUE O AME E QUE SIRVA AO SENHOR, AO SEU DEUS, DE TODO O SEU CORAÇÃO E DE TODA A SUA ALMA."

Deuteronômio 10:12

Já conheceu alguém que tem um passatempo? Não um daqueles simples de ficar fazendo crochê enquanto assiste ao noticiário da noite, mas daqueles em que a vida da pessoa gira em torno disso.

Por exemplo, algumas pessoas adoram cantar em quartetos de barbearia[1]. Elas pertencem à mesma comunidade e formam seus quartetos. Planejam viagens para participar de competições e alguns fins de semana do ano são dedicados a acampamentos musicais especiais. Elas têm fitas-cassete desse gênero musical nos carros. Têm vídeos de quarteto de barbearia ao lado da televisão. Assinam uma revista

PARA PENSAR COM CALMA

Um provérbio antigo diz que "a principal coisa é manter a principal coisa como a coisa principal". Isso é mais difícil de fazer do que se pensa. Na atual sociedade ocupada, se você apenas *mantiver*, já está na frente da maioria das pessoas! Você tem alguma "coisa principal" sobre a qual planeja os seus dias?

[1]N. da T.: *Barbershop quartet*: grupos de quatro cantores à capela, com origem estadunidense.

própria — a *Harmonizer*. Têm gravatas com notas musicais e alfinetes de lapela com postes de barbearia listrados de vermelho e branco. Usam chapéus de palha e bigodes handlebar. Seus cintos têm bolsas especiais de couro, onde guardam os diapasões de sopro. Eles podem passar horas discutindo a presença (ou falta) de um "círculo de quintas" em uma música de show e o custo de trazer coreógrafos profissionais para aprimorar a rotina de seus coros antes da grande competição. Têm suas próprias convenções, site oficial e até uma sociedade de preservação. No Dia dos Namorados, elas entregam cartões cantados para destinatários envergonhados. Conhecem as canções antigas de cor, como *My Wild Irish Rose*, *Let Me Call You Sweetheart* e *Heart of My Heart*. Para aqueles que amam o estilo da barbearia antiga, cantar as boas e velhas canções torna-se seu estilo de vida!

1. Você tem um passatempo que influencia as ações e decisões do seu dia a dia? Você é artesã, colecionadora, palhaça, compradora, cantora, surfista, artesã de *scrapbook*, caminhante, ciclista, levantadora, pilota, corredora, leitora, jardineira ou conhecedora obsessiva de comidas e bebidas?

> *Se eu tivesse a oportunidade, levantaria todos os dias e falaria em algum lugar. Essa é a paixão da minha vida. O chamado de Deus foi para que eu fizesse isso e ele continua me dando tudo o que é necessário para falar — o conhecimento, os compromissos e as palavras. Amo tanto isso, que despendo muito tempo, esforço, energia e experiência fazendo o que fui chamada a fazer, sem ficar muito cansada.*
>
> Thelma Wells

2. Pedro diz que devemos estar ansiosas para "fazer a vontade de Deus" (1Pedro 4:2). Isso implica alguma empolgação, algum prazer, alguma

ansiedade. Como você descreveria as agitações em seu próprio coração em nome de Deus?

3. Como você deveria estar fazendo a vontade de Deus? Veja Efésios 6:6 para descobrir a maneira correta!

4. Que tipo de coisas você gosta de fazer e faz tão bem, que as espera com ansiedade e, depois, joga-se de corpo e alma nelas, a ponto de esquecer da vida? Certo. Que tal o outro lado? Quais tarefas você acha horríveis, cujo processo é uma chatice para você?

Então, qual é a diferença? Por que às vezes fico atolado de tarefas, odiando o dia? E outras vezes fico empolgada, amando o dia? Perspectiva! Perspectiva é tudo. Paulo nos encoraja a fazer com nossos corações o que tivermos que fazer. Ele nos diz para colocar nossa alma nas coisas. Os dias mais atarefados podem se tornar nossos dias mais alegres.

Luci Swindoll

5. Como Paulo nos encoraja a enfrentar nossas tarefas diárias? Leia Colossenses 3:23. Essa mudança de perspectiva mudou a *sua* perspectiva?

O que você está buscando? O que prende a sua imaginação? Como passa seus momentos livres? O que chama a sua atenção? Com o que você sonha acordada? Em torno de quais eventos gira o dia? Quais músicas passam pela sua mente? Qual é o seu primeiro pensamento ao acordar pela manhã?

A maioria das coisas que prendem nosso tempo e atenção é apenas diversão. Não há mal algum nisso! Deus nos fez criaturas criativas! Temos muito prazer e satisfação em nos dedicarmos aos nossos interesses variados.

É importante manter nossas prioridades sob controle.

Quando um passatempo começa a interferir no tempo e na atenção que pertencem a Deus, nosso relacionamento com ele passa a desmoronar rapidamente.

Dê prioridade a Deus! Crie tempo para ele no seu dia. Deixe que ele prenda a sua atenção, atraia seu coração e execute melodias de louvor na sua mente.

Decidi que queria fazer algo para acrescentar significado a todas as rotinas entediantes do meu dia. Decidi celebrá-las, destacá-las como realizações valiosas. Toda vez que tinha de enfrentar uma tarefa tediosa e mundana, a enchia de entusiasmo. Tentava pensar em algum motivo pessoal edificante para fazer o que estava fazendo. Nenhuma tarefa trivial foi esquecida. Queria preencher cada uma com a sensação de ter sido um sucesso.

Barbara Johnson

6. Nos tempos de Moisés, os propósitos de Deus eram os mesmos. O que Deuteronômio 10:12 insiste que os seguidores de Deus façam?

7. Corremos o dia todo tentando dar conta da nossa agenda da mesma forma que um cachorro corre atrás do próprio rabo. Estamos realmente ocupadas! Mas o que buscamos? Leia Mateus 6:33. O que Jesus diz que devemos buscar?

> *Sempre acreditei que aqueles que querem conhecer a vontade de Deus podem sabê-lo. A responsabilidade de revelar essa vontade é dele.*
>
> Luci Swindoll

8. Vamos ler outro versículo em que Jesus fala sobre a busca de todo o coração — Marcos 12:30. Somos ordenados a amar o Senhor em quais áreas?

9. O que significa "de todo o seu coração"? E "de toda a sua mente"? Como podemos buscar a vontade de Deus com "todas as nossas forças"?

Aprofundado

O jogo está em andamento! A emoção da perseguição! Cubra os olhos e conte até dez! Às vezes a nossa caminhada como cristãos é como um jogo de esconde-esconde. Uma hora parece que Deus está se escondendo de nós e devemos procurá-lo antes que ele se apresente. Depois é nossa vez de nos esconder e, como Jonas, nos enganamos acreditando que podemos iludir o olhar amoroso de Deus. Já estudamos versículos que nos garantem que, quando procuramos por ele, Deus pode ser encontrado. Vamos explorar alguns versículos que mencionam a procura de Deus por nós!

- 1Samuel 13:14
- Ezequiel 34:12
- Lucas 19:10
- Salmos 199:176
- Lucas 15:8-10
- Isaías 62:12
- Mateus 18:11-14

Refletir e Orar

Ore para que o Senhor renove seu amor por ele e dê a você um novo entusiasmo para seguir os caminhos dele! Que o Espírito do Senhor desperte o seu coração com avidez pelas coisas do Senhor. Deixe que ele te atraia para a palavra dele e para conversas significativas em oração. Procure maneiras de dar significado às tarefas do dia a dia quando tiver que as enfrentar. Ore pelos donos de cada peça de roupa que você dobra. Glorifique a abundância de comida na mesa ao lavar a pia cheia de louça. Faça um exame de consciência quando estiver tomando banho, para que seu coração fique tão limpo quanto seu corpo. Encontre pequenas maneiras de convidar o Senhor cada vez mais para o seu dia!

De Bugigangas a Tesouros

A bugiganga desta semana rememorará o versículo de Efésios 6:6: "Fazendo de coração a vontade de Deus". Claro que nossa bugiganga é um coração — um coração para a sua geladeira! Não atenda ao chamado de Deus com indiferença. Dê a ele tudo de si! Assim como o ímã é atraído pela geladeira, deixe seu coração ser atraído por Deus.

Anotações e Pedidos de Oração

CAPÍTULO SEIS

PLANEJAMENTO PARA OS PROPÓSITOS DE DEUS

"DEVERIAM DIZER: 'SE O SENHOR QUISER, VIVEREMOS E FAREMOS ISTO OU AQUILO'."

Tiago 4:15

Você não ama quando seus parentes vêm para visitas esperadas há muito tempo? Ou que tal receber os irmãos da Escola Dominical para uma refeição ao ar livre? Já fez planos para a festa de formatura da sua filha? A data foi definida, já marcamos no calendário e começamos os preparativos. Com as visitas se aproximando, de repente passamos a enxergar nossa casa com outros olhos — os olhos delas. Oh, Céus! Essa sala precisa de pintura, essas prateleiras estão pedindo um espanador, esse armário precisa ser limpo. O que é isso preso no teto? De repente, sentimos necessidade de recolocar o papel de parede, lavar as cortinas e passar a ferro as fronhas. Quem vê, pensa que a própria Martha

PARA PENSAR COM CALMA

Há algo na sua casa, neste exato momento, que você alteraria, mudaria, consertaria ou limparia antes de receber alguém? Quanto tempo levaria para fazer isso?

Stewart[1] fará uma inspeção. Os cantos mais distantes do banheiro são bem esfregados e limpamos as gotas e manchas da frente dos armários da cozinha. É tudo o que pretendíamos fazer. Ter visitas meio que ajudou a acelerar as coisas!

Você já acordou em alguma manhã e um pensamento assim surgiu na sua mente: "Talvez Jesus retorne hoje"? O retorno dele tem sido esperado há muito tempo, mas não temos certeza de quais são seus planos de viagem. Ele pode aparecer a qualquer momento. Esse pensamento faz você olhar ao redor com novos olhos? Já teve a percepção espiritual que acontece quando olhamos a vida pelos olhos de Deus? Há coisas com as quais você tem vivido e odiaria que ele visse? Você tem adiado algumas coisas que sabe que deveria fazer diariamente?

Quando começamos a nos planejar para os propósitos de Deus nos nossos dias, vivenciamos uma mudança de perspectiva!

1. Você é uma pessoa que planeja? Gosta de planejar as coisas até mais do que efetivamente fazê-las? Ou é do tipo espontânea e ama a liberdade de mudar a programação por puro capricho? Como Deus pode usar o seu estilo particular?

[1] "Martha Helen Stewart é uma empresária americana, apresentadora de TV e escritora. Ganhou fama graças a dicas de economia doméstica" (https://por.culturell.com/marta-styuart-biografiya-tvorchestvo-karera-lichnaya-zhizn-news-549577).

2. Quais são alguns dos benefícios de se planejar previamente? Podemos nos planejar para os propósitos de Deus?

Viva cada dia para realizar a sua missão pessoal. Deus tem um motivo para o que você está vivendo agora. Um período de perda ou de bênçãos? Um período de atividade ou de hibernação? Um período de crescimento ou de incubação? Você pode pensar num desvio, mas Deus sabe o melhor caminho para que você alcance o seu destino.

Barbara Johnsson

3. Sabemos que devemos procurar Deus para nos guiar em nossas decisões. Afinal, ele fez planos! O que Jeremias 29:11 diz sobre os planos de Deus?

4. Alguns cristãos do Novo Testamento uma vez tentaram convencer Paulo a não executar planos de viagem. Eles achavam que Paulo estava se colocando em perigo desnecessário, mas Paulo insistiu. Ele foi fiel ao plano. Leia Atos 21:14. Qual foi a reação dos cristãos?

Quando eu era criança, aprendi algumas abreviações comuns que circulavam nos círculos cristãos. *PTL* significava *praise the Lord* (Deus seja louvado) e *TLC* significava *tender loving care* (amor e carinho). Eram abreviações fofas e que pareciam ser

muito usadas. Na escola, as garotas costumavam assinar os bilhetes com *BFF*, que significa *best friends forever* (amigas para sempre), ou usavam o *TTFN*, que significa *ta ta for now* (tchau, ao menos por enquanto). Nos dias atuais de troca de mensagens de texto e Twitter®, as abreviações são cada vez mais comuns. *LOL* significa *laugh out loud* (rindo alto) e *BRB* significa *be right back* (volto logo).

O que impede a minha habilidade de viver no momento presente é a tentativa de fazer muitas coisas de uma vez. Não posso terminar tudo e não consigo fazer nada! A verdade mais maravilhosa por trás de lidar com todas as nossas distrações é que não precisamos nos organizar e planejar apenas com nossa habilidade natural. O Espírito Santo nos dá tudo de que precisamos. Se nos rendermos a ele, ele ordenará nossos passos de acordo com os propósitos dele.

Thelma Wells

Há tempo suficiente para muitos de nós termos esquecido quando os cristãos usavam uma abreviação parecida nas cartas escritas à mão: DV, *Deo volente*, que significa basicamente "se Deus quiser". Planos de férias, promessas de visita e organização de viagens eram seguidos de duas letrinhas: DV. Era uma maneira de lembrarmos uns aos outros que nossas vidas estão nas mãos de Deus. Uma tradição singular. Por que não revivê-la no seu próximo texto?

5. Muitos cristãos têm uma pequena frase que soltam de vez em quando no meio das conversas. Quando falamos de planos, dizem: "Se Deus quiser, vejo você na semana que vem". Ou dizem: "No tempo do Senhor, veremos esses planos futuros se realizarem". Isso pode parecer um pouco estranho, mas são frases baseadas na Sagrada Escritura. O que Paulo diz em Romanos 1:10?

Uma boa vida é o equilíbrio entre dever e felicidade. Seremos convocados a fazer coisas que não gostaríamos. Algumas pessoas dizem "Somente siga o seu coração", mas essa não é necessariamente a abordagem correta. Temos que pesar as decisões pela mente, pelo espírito e pela Palavra de Deus.

Barbara Johnson

6. Agora vamos dar uma olhada em Tiago 4:13-15. O que ele incentiva os cristãos a fazerem? E por quê?

7. Você tem feito planos ultimamente? Já pediu a Deus para enxergá-los por meio dos olhos dele? Como uma mudança de perspectiva afetaria o seu processo de planejamento?

8. Quanto planejamento é necessário para sua vida? Você tem uma rotina regular? Sempre serve almôndega no jantar de segunda-feira? Encontra seus colegas de trabalho para almoçar todas as sextas-feiras? Sempre faz pipoca antes de dormir? Quais as suas tradições diárias?

Quando eu era criança, amava descer as escadas até a cozinha e encontrar minha mãe ocupada no balcão. Os potes de farinha e açúcar foram descidos de cima do armário. O pequeno moedor de nozes à manivela estava cheio. E meu nariz sentia os cheiros inconfundíveis de canela e noz-moscada. "O que você está fazendo?" Então viria a resposta que acabaria com todas as esperanças: "Algo para a igreja". Ah... Mamãe estava assando algo de dar água na boca, uma de suas melhores receitas, mas não era para nós. Sempre me ressenti daqueles bolos de cenoura e tortas de cereja que deixaram nossa cozinha sem serem provados.

> *Não deixe sua vida sair do controle. Viva com propósito. Faça hoje algo que vai durar além da sua vida.*
>
> Barbara Johnson

E você? Quem recebe os seus maiores esforços? Você gasta toda a sua energia criativa nas funções da igreja, do trabalho e da escola? É tão fácil demonstrar para sua família e amigos que eles são especiais também! Faça aquele bolo de camadas complicado! Faça sua receita supersecreta de salada de brócolis. Arrume a mesa com a sua melhor louça! Faça um piquenique. Faça um café da tarde. Encha bexigas. Compre flores. E faça tudo isso *apenas* para sua família e amigos!

9. Qual área da sua vida precisa de um pouco de planejamento no momento? Ao começar o processo de planejamento, em que você vê seus esforços se encaixando nos propósitos de Deus?

APROFUNDADO

Desta vez, temos vários versículos da Bíblia que falam sobre os planos de Deus. Você tem mais de uma Bíblia na sua casa? Quando estiver procurando esses versículos, tente ler suas diversas traduções. Às vezes o texto de uma versão simplesmente saltará aos seus olhos e a ajudará a entender melhor uma passagem de uma forma que nunca ocorreu antes!

- Salmos 33:11
- Provérbios 16:9
- Jeremias 18:12
- Salmos 40:5
- Provérbios 19:21
- Salmos 138:8
- Isaías 30:1

REFLETIR E ORAR

Nesta semana, ore pela inspiração de Deus nos seus planos diários. Encontre pelo menos uma maneira de incluir Deus na sua semana — seja adicionando DV aos seus textos ou memorizando uma nova passagem da Sagrada Escritura. Então, peça a Deus que a ajude a usar sua criatividade para começar, no seu lar ou no trabalho, uma nova tradição que agrade ao Senhor — seja ler *As crônicas de Nárnia* em voz alta com a sua família ou ter um momento devocional na segunda-feira de manhã com seus colegas de trabalho.

De Bugigangas a Tesouros

A bugiganga desta semana vai encher os seus dias com doces fragrâncias — um pequeno frasco de perfume. Ele serve para lembrá-la de que nossos dias nesta terra são tão fugazes quanto o vapor (Tiago 4:15). Quando borrifa o produto no seu corpo, você vê a bruma apenas por alguns segundos. No entanto, a fragrância deixada dura por horas. Lembre-se de planejar seus dias em função da vontade de Deus. Glorifique a Deus nas suas tradições. Crie um momento para Deus nos seus dias. Apesar de os dias serem curtos, os resultados dos nossos esforços seguirão, até mesmo para as gerações futuras.

Anotações e Pedidos de Oração

CAPÍTULO SETE

Oração para os propósitos de Deus

"Esta é a confiança que temos ao nos aproximarmos de Deus: se pedirmos alguma coisa de acordo com a sua vontade, ele nos ouve."

1João 5:14

Nas minhas memórias mais antigas, estou sentada ao pé da cama com a minha mãe. Meus dedos do pé se contorceram na exuberância do carpete felpudo roxo. Inquietos, traçaram o acabamento da colcha costurada por minha bisavó. Frase por frase, ela falou as palavras do Pai Nosso. Frase por frase, eu as repeti. "Pai nosso, que estais nos céus..."

Muitas de nós aprendemos algumas orações quando éramos bem pequenas. Enquanto aprendíamos *Jack e Jill* e *Little Boy Blue*, éramos ensinadas a agradecer de maneira simples e fazer pedidos humildes a Deus. "Agora que me deito para dormir, oro a ti, Senhor, que me guarde..." ou "Jesus, terno pastor, ouve-me; abençoe teu cordeirinho esta noite..." e "Boa noite! Boa noite! Longe voa a luz...". Aprendemos

Para pensar com calma

Você tem amigos ou parentes que são guerreiros da oração por você? Em quem você pode confiar para elevar suas necessidades em oração?

a cantar uma oração de agradecimento na Doxologia: *Praise God, from whom all blessings flow...* (Louvado seja Deus, de quem todas as bênçãos fluem...) e em *Now thank we all our God, with hearts and hands and voices...* (Agora agradecemos ao nosso Deus, de coração, mãos e vozes...).

Meus primos sempre começavam as refeições entoando em conjunto: "Por aquilo que estamos prestes a receber, possamos ser verdadeiramente gratos". Tínhamos amigos na nossa cidade pequena que começavam cada refeição com uma oração tradicional em sueco. Sempre fiquei intrigada com a mensagem do clássico "Deus é grande, Deus é bom, vamos agradecê-lo por nossa comida". E, em nossa lanchonete local, havia uma placa de madeira feita à mão sobre o balcão, com a breve frase: "Boa comida. Boa carne. Bom Deus. Vamos comer!".

1. Como você definiria a oração? Com o que a compararia?

Todo dia faço a mais poderosa das orações: "Senhor, feche as portas que não preciso atravessar hoje e abra as portas que preciso. Livre meu caminho das pessoas com quem não preciso lidar hoje e coloque as pessoas que preciso no meu caminho. E, Senhor, não me deixe perder tempo.

Thelma Wells

2. De acordo com a Bíblia, a oração é parte da vontade de Deus para nossas vidas. Em Romanos, descobrimos que até mesmo Jesus ora por nós "de acordo com a vontade de Deus" (Romanos 8:27). Por que a oração é tão importante?

3. Enquanto estava nesta terra, Jesus orou por seus seguidores. Leia João 17:9-16. O que Jesus pede ao Pai para fazer por seus discípulos?

4. É muito bom saber que Jesus orou por seus companheiros, mas fica ainda melhor. Por quem Jesus está orando em João 17:20?

5. Depois da ressurreição, Jesus sabia que retornaria ao Pai. Ele podia antecipar um reencontro alegre, apesar de saber que muitos sentiriam sua falta. Ele não queria que seus seguidores sentissem o peso da solidão ou perdessem a esperança nos longos anos por vir. Então orou por eles. Qual foi a oração de Jesus em João 14:16?

Hoje, muitos de nós controlamos nossa vida de oração por meio de diários nos quais escrevemos nossas preocupações, sentimentos e atividades, culminando em uma oração que pode ter duas linhas ou duas páginas. Eu sou uma escritora ocasional de pensamentos e orações, não uma escritora diária. Ah, sim, eu oro todo dia. Simplesmente não registro essas orações diariamente. Na verdade, durante anos, meus rabiscos pessoais foram feitos no verso de envelopes, guardanapos e recibos antigos.

Patsy Clairmont

6. No mundo cristão, muito já se falou sobre quatro pequenas letras: OQJF. Embora seja útil perguntar "O que Jesus faria?", nos perguntar "O que Jesus está fazendo?" é tão importante quanto. Leia Romanos 8:34 e Hebreus 7:25. O que Cristo está fazendo agora por você?

> *O prazer e a alegria de falar com o Senhor são muito superiores a qualquer coisa que a vida nesta terra pode oferecer. Por meio da oração, eu me torno centrada e serena. Quando estou quieta, sinto que o Senhor se aproxima quando entro na presença dele.*
>
> Luci Swindoll

Você consegue se imaginar orando por séculos a fio? Algumas de nós temos dificuldade em manter uma atitude de oração por mais de alguns minutos! Isso dá a esse conceito incompreensível alguma perspectiva se imaginarmos o ministério de Cristo como o de um advogado de tribunal. Ele é o nosso advogado de defesa, lembrando ao Pai que nossos pecados estão perdoados. No julgamento dos milênios, ele está entre nós e o acusador. Jesus protege nossas próprias vidas intercedendo em nosso favor.

No entanto, também podemos saber que ele está cuidando de nós, com amor no olhar, orando para que decidamos obedecer. Jesus anseia que busquemos os propósitos de Deus em nossas vidas.

7. Assim como Jesus intercede por nós, deveríamos orar umas pelas outras! Leia Colossenses 4:12. Ao final dessa pequena carta, Paulo inclui saudações de um de seus companheiros para as pessoas em casa. O que Epafras ora?

8. Por quem você ora de maneira regular? Já orou para que "continuem firmes em toda a vontade de Deus"?

> *Ore com confiança.*
> *Mas tenha cuidado pelo que ora, porque tudo é possível por meio do poder da oração!*
>
> Barbara Johnson

9. Você começa a tremer diante da simples possibilidade de orar em voz alta? As circunstâncias extremas a deixam entorpecida diante do Senhor, incapaz de formar as palavras de uma oração? Não tema! O que Romanos 8:26 nos diz?

Aprofundado

Reflita em oração sobre essas passagens. Elas nos dão exemplos de oração daqueles que oraram antes de nós, um modelo para nossas próprias preces. Elas nos inspiram a buscar o Pai à procura de seus propósitos.

- Mateus 5:44
- João 16:26
- Mateus 14:23
- 1Tessalonicenses 5:17
- Lucas 18:1
- Tiago 5:16

Refletir e Orar

Nesta semana, vamos ler algumas das menores orações da Sagrada Escritura. Sussurre-as a Deus ou ore em nome de seus amigos e familiares. Reescreva-as, personalizando-as ao mencionar as pessoas pelo nome. Insira seu próprio nome em orações de louvor, permitindo que ele ouça o amor em seu coração!

- 1Crônicas 21:8
- Colossenses 1:9
- Filipenses 1:9
- 2Tessalonicenses 1:11

De Bugigangas a Tesouros

A oração está no topo da maioria das listas de desejos dos cristãos. Queremos mais do que isso! Desejamos nos aproximar de Deus nessa comunicação íntima do coração. Queremos contar para Deus tudo que nos atormenta e saber que seremos ouvidas. Muitas de nós também ansiamos por ser guerreiras de oração por nossos amigos e familiares. A oração tem poder e nosso desejo mais profundo é elevar as pessoas ao nosso redor, assim como Jesus está sempre orando por nós. Com isso em mente, a bugiganga desta semana é um pequeno soldado de brinquedo. Permita que a simples visão desse "guerreiro da oração" a conduza a elevar seu coração ao Pai celestial.

Anotações e Pedidos de Oração

CAPÍTULO OITO

OS PROPÓSITOS DE DEUS PARA NOSSOS CORAÇÕES

"DÊEM GRAÇAS EM TODAS AS CIRCUNSTÂNCIAS, POIS ESTA É A VONTADE DE DEUS PARA VOCÊS EM CRISTO JESUS."
1Tessalonicenses 5:18

Quando minha filha era pequena, era uma estrelinha. Ela tinha um brilho no olhar, amava tagarelar e tinha uma atitude agradecida! Com todas as maravilhas que uma criança de três anos poderia reunir, ela encontrou uma infinidade de pequenas coisas pelas quais exclamar. O engraçado é que não era preciso muito para isso: um giz de cera rosa novo, uma joaninha no peitoril da janela, um esquilo no alimentador de pássaros, uma pulseira de lã, um novo formato de macarrão, o primeiro dente-de-leão do verão. "Nossa, mamãe!", ela gritava com a voz aguda, me assustando. Eu corria para ver qual calamidade a tinha abatido e a encontrava encantada com alguma pequena descoberta. Eu obedientemente expressava surpresa a cada novo achado dela. Frequentemente, essas se tornaram oportunidades

PARA PENSAR COM CALMA

Você gosta de estocar coisas? Quero dizer, quando você compra mantimentos, sempre compra coisas extras para manter na despensa? Se fosse verificar seus armários agora, quantos dias poderia ficar sem fazer compras e ainda fornecer refeições básicas para sua família?

para direcionar seu pequeno coração a Deus e oferecer uma oração de agradecimento por ele ter feito coisas tão maravilhosas para o nosso mundo. Em pouco tempo, ela nos fazia lembrar de suas descobertas em nossas orações de agradecimento na hora das refeições e na hora de dormir. Ela era a prova viva da passagem da Sagrada Escritura que diz "firmados na fé, como foram ensinados, transbordando de gratidão" (Colossenses 2:7).

Não há nada mais eficiente do que uma criança para reabrir os nossos olhos para os milagres que nos acostumamos a ver.

> *Deus reside em dois lugares: no paraíso e num coração agradecido.*
>
> Barbara Johnson

1. É isso! Era exatamente isso que estávamos procurando. Encontramos, na Bíblia, uma frase que é direta sobre a vontade de Deus. É ousada em sua afirmação: "Esta *é* a vontade de Deus para vocês"! Só para constar, qual é a vontade de Deus em 1Tessalonicenses 5:18?

2. Até este momento nesta semana, você acredita que tem sido grata por tudo que lhe tem acontecido? Por que sim ou por que não?

> *Se você está passando por um momento difícil na sua vida, perceba com gratidão que nosso Pai, onisciente e amoroso, não o abandonou. Ele não está permitindo que você seja sacudido. Ele está trabalhando com incrível habilidade para suavizar suas arestas e trazer à tona de sua alma a graciosidade brilhante de Cristo.*
>
> Barbara Johnson

3. A ação de graças está intimamente ligada à oração na Sagrada Escritura.

Quando estamos extremamente agradecidos a Deus, o que poderia ser mais natural do que dizer isso a ele?! Pelo quê o salmista é grato no Salmo 95:1-6?

4. É fácil ser grata quando recebemos algo que desejamos. Leia Filipenses 4:6. Quando a gratidão aparece aqui?

Sempre fiquei surpresa com os filhos de Israel. Você já viu um grupo tão ingrato? Deus os liberta de suas correntes, afoga seus perseguidores, lhes dá sombra durante o dia, fornece-lhes luz durante a noite, traz água no meio do deserto, dá-lhes pão do próprio céu, fala diretamente com seu líder e promete a eles lindos novos lares em uma terra que será toda deles. Que escravo teria sonhado com tanto? Mas eles não são gratos. Pior, eles reclamam!

Eu me pergunto o que teria acontecido se os israelitas tivessem considerado suas circunstâncias com um olhar mais claro e simplesmente dissessem: "Obrigado, Senhor". Não caia na armadilha de se lamentar! A vontade de Deus para nossas vidas não inclui reclamações e resmungos. Somos chamados a uma atitude de gratidão!

> *O que quer que esteja passando agora, é a provisão de Deus, não o castigo. Comemore este momento e se esforce ao máximo para fazê-lo com gratidão consciente.*
>
> Luci Swindoll

5. A gratidão é sentida de um jeito especial. Não podemos evitar quando nossos corações estão cheios — eles simplesmente transbordam! Que forma de louvor é mencionada tanto no Salmo 69:30 quanto no Salmo 92:1?

6. Qual é a música favorita que muitas vezes sai do seu coração agradecido?

Estou aprendendo a parar para ter momentos de gratidão. Tornou-se uma disciplina diária minha desde que descobri que estava ficando sobrecarregada por todas as coisas diárias que "têm que ser feitas".

Sheila Walsh

7. Outro aspecto do coração agradecido é encontrado em 2Coríntios 4:15. Qual é o resultado da ação de graças que exaltamos?

8. Em 1Tessalonicenses 1:2 é mencionado algo pelo qual *sempre* devemos ser gratos. O que é isso?

Aprofundado

Você já tentou contar suas bênçãos? Muitas vezes, nossas orações de agradecimento ao Senhor acabam em um beco sem saída. "Obrigada por esta comida... pela nossa casa... pela minha família... por este dia..." Não há necessidade de seguir esse mecanismo. Por que não aumentar o nível de criatividade em suas orações de agradecimento nesta semana? Pegue um caderno ou diário e coloque-o em algum lugar onde possa vê-lo todos os dias — ao lado de sua cadeira favorita, na mesinha de cabeceira, na mesa, no banheiro. Então, a cada dia, escreva uma frase agradecendo a Deus por algo. O único problema é que você nunca pode se repetir. À medida que sua lista de bênçãos aumentar em número, sua atitude de gratidão certamente aumentará com ela.

Refletir e Orar

Há um ditado que diz que há sempre uma luz no final do túnel. Os dias podem parecer sombrios e a tristeza pode tomar conta de nossos corações, mas sempre há algo pelo qual devemos ser gratos. Não importa o que aconteça em um dia, procure aquele vislumbre de luz na escuridão. Que o Espírito Santo nos faça parar, no meio de um lamento, e nos faça lembrar da vontade de Deus para nossos corações — gratidão. Nesta semana, ore para que o Senhor a ajude a transformar suas reclamações em gratidão. Permita que o amor do Senhor encha seu coração com uma música.

De Bugigangas a Tesouros

Para nos lembrar de que a gratidão em nossos corações deve borbulhar todos os dias, esta semana você será presenteada com bolhas: bolhas prateadas, brilhantes e translúcidas. Envie-as para o ar com o calor da sua respiração. Observe-as vagar para o céu, como canções de louvor e orações de agradecimento. Encha o ar com elas e lembre-se de quão numerosas são as bênçãos de Deus. Faça de cada bolha cintilante um "obrigada" de seu coração agradecido.

Anotações e Pedidos de Oração

CAPÍTULO NOVE

DEUS QUER A SANTIDADE

"A VONTADE DE DEUS É QUE VOCÊS SEJAM SANTIFICADOS."

1Tessalonicenses 4:3

Quando eu era criança, havia três tipos de roupa no meu armário: as de brincar, as de escola e aquelas "especiais" — no meu caso, um vestido especial. Roupas de lazer eram *jeans* e camisetas para trabalhar no jardim, andar de bicicleta e explorar o celeiro. As roupas da escola não eram chiques, mas eram limpas e alinhadas. Mamãe esperava que elas *ficassem* limpas e alinhadas, então, quando voltávamos da escola, colocávamos as roupas de brincar. Mas aquele vestido especial era diferente. Era separado do resto. Era bom demais para brincar. Era bom demais para a escola. Na verdade, ele só aparecia em casamentos, shows de escola e no dia das fotos. Entre os eventos, ele ficava no fundo do meu armário, protegido da poeira, coberto por um saco plástico.

Quando havia um evento considerado digno de receber o vestido

PARA PENSAR COM CALMA

Quanto tempo você demorava para se arrumar para um grande evento quando era adolescente? Quais eram alguns de seus rituais? Você leva mais ou menos quanto tempo para ficar pronta agora? A sua rotina de beleza mudou com o tempo?

especial, eu era enfeitada para combinar com ele. Um banho de espuma era preparado, rolos eram colocados no meu cabelo e as unhas eram pintadas. Uma vez que eu estivesse maquiada e enfeitada, o vestido seria deslizado pela minha cabeça e os babados seriam alisados, até que tudo ficasse bem-ajustado. Aquela criança de *jeans* que adorava brincar no balanço de pneu no quintal se transformava em uma princesinha.

Sempre me lembro daquele vestido especial quando leio sobre os israelitas. Para os dias santos, Deus dizia-lhes para se prepararem e se santificarem com antecedência. O chamado foi feito como em Josué 3:5: "Santifiquem-se, pois amanhã o Senhor fará maravilhas entre vocês". Assim, todo o acampamento se transformou em um alvoroço imenso. As roupas foram lavadas (Êxodo 19:14), os banhos foram organizados e havia muitos penteados, tranças e óleo nos cabelos. Os homens aparavam suas barbas e as mulheres colocavam suas joias. Acho que é por isso que dizemos que a limpeza está perto da divindade!

1. Paulo diz que a vontade de Deus para nossas vidas inclui nossa santificação (1Tessalonicenses 4:3). "Santificação" é uma palavra muito grande que soa teológica. O que isso significa?

2. O que significa "sagrado"?

> *Tenho uma cesta ao lado da minha banheira, cheia de utensílios de limpeza: esponjas, escovas, buchas, pedra-pomes e sabonetes. Por mais úteis que esses itens sejam, eles não se comparam a quão limpo eu me sinto quando passo momentos na presença do Senhor, especialmente quando começo com um momento de confissão.*
>
> Patsy Clairmont

3. Há quanto tempo a sua santificação está nos planos de Deus? Efésios 1:4 nos dá uma ideia de qual é a linha do tempo do Pai.

Eu estava na mente de Deus antes mesmo de estar no ventre de minha mãe. A atenção específica, o pensamento e o planejamento sobre mim ocorreram antes que Deus realmente me formasse no ventre. Não sou apenas um evento planejado, fui "separada". Todos nós temos uma tarefa específica a fazer para Deus, e isso foi planejado na cabeça dele antes de sermos formados.

Marilyn Meberg

4. Por que Deus deseja que sejamos santificadas? Leia Levítico 11:44-45. Claro que essa passagem se refere aos judeus, o povo escolhido por Deus. Mas o mesmo chamado é feito para os cristãos. O que 1Pedro 1:15 diz?

5. Como ocorre a santificação? Como Deus nos torna santos? Aqui estão várias passagens que mostram como somos separados.

- João 17:19
- Hebreus 10:10
- Romanos 15:16
- 1Tessalonicenses 5:23
- 1Timóteo 4:5
- Hebreus 10:29
- Efésios 5:26
- Números 15:40

Estamos nos preparando para o maior evento da história. Estamos sendo limpas, adornadas e ornamentadas para o casamento do milênio! Jesus está aprontando seu povo como uma noiva, certificando-se de que possamos ser apresentadas sem manchas ou defeitos (Efésios 5:26). Ele nos vestiu com as roupas de salvação e o manto de justiça. Somos como uma noiva adornada com joias (Isaías 61:10).

Deus está usando sua palavra, seu Espírito Santo, o sangue de Cristo, a oração e todo o resto para nos limpar, nos vestir e nos adornar. É parte da vontade dele para a sua vida que você passe por essa santificação. Todo esse estudo da Bíblia, toda oração e o viver de acordo com nossa fé estão tornando a noiva de Cristo cada vez mais bonita.

6. O que acontece quando somos santificados? Será que somos aquele vestido "especial" que fica pendurado no canto do armário, bom demais para o dia a dia? Claro que não! De acordo com 2Timóteo 2:21, o que nos tornamos?

7. De acordo com Tito 2:14, Deus nos redimiu e nos purificou como o povo especial dele. Para o que estamos prontos?

Todos os dias devemos renovar nossas mentes. O agora é nossa única oportunidade de viver para ele. Trate este momento, o agora, como se fosse o seu último momento, porque pode ser. As bênçãos e os avanços de ontem não são os de hoje. Seja gentil hoje. Exalte o Senhor hoje. Compartilhe algo com alguém hoje.

Thelma Wells

8. Por último, encontramos um versículo com um incentivo à santificação. O que a primeira parte de 1Pedro 3:15 nos diz para fazer?

Aprofundado

A Bíblia usa a ideia de "lavar" para nos ajudar a entender a santificação. Veja essas diferentes passagens que falam sobre ser purificado. Em seguida, coloque-as no banheiro e memorize-as enquanto toma banho!

- Salmo 51:2,7
- Jeremias 4:14
- Tito 3:5
- 1Coríntios 6:11
- João 13:8
- Isaías 1:16
- Atos 22:16

Refletir e Orar

A santificação é sempre um processo que dura a vida toda; felizmente, o Senhor permite que enfrentemos nossas quedas, uma de cada vez. O Espírito Santo muitas vezes nos convence de uma coisa, nos ajuda a tirar suas raízes de nossas vidas e entregá-las a Deus, apenas para apontar algum "novo" pecado que não tínhamos visto. Ore nesta semana para que o Senhor abra seus olhos

para o projeto de renovação dele. Em seguida, peça a Deus que lhe dê humildade para aceitar a verdade e um coração aberto para as mudanças que você deve fazer. Mas não pare por aí, limpa e sem lugar para ir. Busque as boas obras que ele tem para você, depois faça-as com zelo!

De Bugigangas a Tesouros

Com toda essa conversa sobre lavar e limpar, seu presente para esta semana foi fácil de escolher: uma barra de sabonete. Faça um pouco de espuma enquanto considera sua santificação e repita estas palavras de Davi toda vez que lavar as mãos: "Lava-me, e mais branco do que a neve serei" (Salmo 51:7). Depois de secar as mãos, levante-as até o nariz e respire fundo. Por alguns momentos, de qualquer forma, suas mãos estão as mais limpas possíveis. Então, ao retornar às suas tarefas do dia, lembre-se de que você está preparada — seja qual for o propósito que o Senhor tenha para você.

Anotações e Pedidos de Oração

CAPÍTULO DEZ

Conteúdo de descanso

"O temor do Senhor conduz à vida:
Quem o teme pode descansar em paz,
livre de problemas."

Provérbios 19:23

Com um suspiro, vou para a lavanderia, onde produtos e panos de limpeza são guardados. Não é minha maneira favorita de começar o dia. A cama de uma criança estava encharcada de xixi e a máquina de lavar já estava funcionando. Outra criança parece ter adoecido com alguma coisa e vou precisar de um balde para limpar a mancha no carpete creme onde ela vomitou o suco de laranja. Meu marido passa rapidamente, tomando banho e se vestindo para o dia no escritório. Ele recebe um sorriso fraco e um aceno sem energia enquanto eu passo penosamente com o cheiro de amônia no ar ao meu redor. Gostaria de poder trocar de lugar com ele agora! Ah, como queria ficar limpa. Ah, como seria bom ter um lugarzinho arrumado para onde fugir.

A vida de uma mãe certamente não é glamorosa. Nossas roupas estão

Para pensar com calma

A maioria de nós está trabalhando fora de casa agora ou já trabalhou em algum momento de nossas vidas. Você gosta do seu trabalho ou tem pavor dele? Qual é o seu benefício favorito? Qual é a maior desvantagem?

cobertas de manchas misteriosas, e mal temos tempo para um banho. Somos solicitadas a fazer as mesmas tarefas servis continuamente, sem fim à vista. Fazemos o trabalho sujo, limpando tudo, da lama ao muco. Ansiamos por uma conversa adulta. Cada passo que damos em direção à limpeza e organização é rapidamente desfeito por pequenas mãos e pés. É muito fácil sentir pena de nós mesmas!

Em circunstâncias como essas, pode ser difícil se sentir satisfeita. No meio do mundano, podemos encontrar alegria e satisfação?

1. Outro dia, outra chance de fazer sanduíches de pasta de amendoim e geleia e servir copos de leite. O que Eclesiastes 3:13 diz sobre nossos esforços para preparar o almoço?

> *Como uma pessoa solteira e sem filhos, deixe-me dizer que acredito que a maior vocação da vida é a maternidade. Um esforço como nenhum outro e que exige um sentimento de altruísmo que deve ser renovado a cada dia.*
>
> Luci Swindoll

2. As pilhas de roupa que estão sempre esperando por nós, a grama que precisa ser cortada, as contas que precisam ser pagas, as longas horas no escritório, as longas viagens de ida e volta do trabalho, a lavagem da louça — em suma, todo o nosso trabalho — são presentes de Deus! Como o trabalho pode ser uma dádiva?

3. Essa passagem de Eclesiastes também diz que Deus deseja que todas as pessoas sejam felizes em seu trabalho. Quando eu tenho que pegar um desentupidor de pia, um esfregão e um balde, a alegria não é necessariamente o sentimento que preenche minha alma! Você é mais uma "entusiasta" ou uma "funcionária insatisfeita" do Senhor?

4. Eu costumava pensar que a vida seria muito mais fácil se eu tivesse uma máquina de lavar louça. Eu tinha certeza de que, com esse eletrodoméstico específico na minha cozinha, a vida seria maravilhosa. O que você está esperando que tornará as coisas melhores para você e, assim que conseguir, isso deixará seu trabalho mais agradável?

Temos bons dias, ótimos dias e dias bem no fundo do poço. Uns períodos são mais fáceis do que outros, enquanto alguns são absolutamente impossíveis. Eu me perguntei como algumas pessoas sobreviveram às muitas dificuldades que surgiram no caminho. A vida de outras pessoas parece quase encantada. Para cada um de nós, nossos dias são imprevisíveis e inclinamos a balança do absurdo ao precioso. A vida é um presente repleto de mistério, intriga, comédia, tragédia — propósito.

Patsy Clairmont

5. Como você definiria *contentamento*?

6. A que Paulo nos diz que devemos aspirar? Qual é o trecho da escritura que fala sobre isso?

> *A vida consiste principalmente em fazer nosso trabalho, quer tenhamos vontade ou não. Mas aí está o segredo: conforme fazemos o que está à nossa frente, a alegria vem.*
>
> Bárbara Johnson

7. Então, qual é o problema? Por que precisamos de algo mais? Veja Hebreus 13:5 para saber a raiz do problema.

Você já ouviu falar da Fada do Dente, certo? Bem, minha irmã está sempre procurando a ajuda da "Fada da Lavanderia". Ela não é uma pequena fadinha com asas e uma varinha. Na verdade, Fada da Lavanderia é um dos apelidos da minha mãe. Sempre que minha irmã ia visitar minha mãe, deixava cair alguns cestos de roupa suja no chão, no canto da cozinha. Quando ela estava pronta para ir para casa à noite, a roupa não estava apenas limpa, mas cuidadosamente dobrada de volta nos cestos. Surpreendente! Nossos filhos dão como certo que comida vai aparecer na geladeira, roupas limpas vão surgir em seus armários e gasolina vai brotar no tanque de gasolina do carro.

Para muitas de nós, nossa rotina diária não parece fazer diferença. Ninguém pensa em quem troca os rolos de papel higiênico, coloca o cartucho de tinta na copiadora, enche com água a forma de cubos de gelo ou guarda os recibos. E, uma vez que esses trabalhos parecem sem importância, nos sentimos sem importância.

8. Paulo viveu uma vida bastante ingrata como plantador de igrejas. Na verdade, ele tinha dois empregos algumas vezes, apenas para manter o fluxo de dinheiro enquanto começava uma nova igreja. Qual foi a atitude dele em relação ao contentamento? Ela é encontrada em Filipenses 4:11.

9. Uma última passagem sobre contentamento: procure 1Timóteo 6:6. O que Paulo diz aqui?

É fácil acreditar que Deus pode usar nossas vidas quando vemos resultados imediatos, quando o feedback positivo nos encoraja a seguir em frente. É difícil continuar caminhando quando vemos poucos sinais de que nossos atos estão fazendo a diferença.

Sheila Walsh

APROFUNDADO

Deus nos promete que podemos ficar satisfeitas. Mesmo quando nosso mundo parece muito pequeno e insignificante, podemos descansar contentes, sabendo que Deus tem seus propósitos para cada época de nossas vidas. Vamos explorar alguns versículos que falam ao nosso coração sobre a satisfação que só pode ser encontrada no Senhor.

- Salmos 36:8
- Salmos 145:16

- Salmos 90:14
- Isaías 58:11
- Salmos 107:9

REFLETIR E ORAR

Você está satisfeita com sua sorte na vida? Está contente? Decidiu aproveitar as oportunidades da vida e ser grata pelo presente? Ore nesta semana para que Deus a encoraje mostrando como realmente são importantes todas as pequenas coisas que você faz. Peça a ele força para fazer aquilo que está diante de você. Mesmo que seu dia seja cheio de coisas mundanas, permita que Deus abra seus olhos para as pessoas ao seu redor. Ore para que Deus a inspire com maneiras de abrilhantar a existência de outra pessoa — isso certamente iluminará a sua!

DE BUGIGANGAS A TESOUROS

Para onde quer que olhemos, as pessoas estão tentando nos dizer que seus produtos ou serviços nos farão felizes. Elas vendem seus produtos com "satisfação garantida". Bem, Deus diz: "O Senhor o guiará constantemente; satisfará os seus desejos numa terra ressequida pelo sol" (Isaías 58:11). Portanto, a pequena bugiganga desta semana é um lembrete desse fato: adesivos que declaram ousadamente "Satisfação Garantida". Não se deixe enganar pelas falsas campanhas de publicidade do mundo. Nem sempre podemos entender o que nosso Pai Celestial faz para o nosso próprio bem, mas podemos ficar contentes. Ele satisfará nossas almas com coisas boas.

Anotações e Pedidos de Oração

CAPÍTULO ONZE

O SILÊNCIO DOS TOLOS

"POIS É DA VONTADE DE DEUS QUE, PRATICANDO O BEM, VOCÊS SILENCIEM A IGNORÂNCIA DOS INSENSATOS."

1Pedro 2:15

Quando se trata de elogios, às vezes você tem que conhecer a pessoa para entender o elogio que ela emite. A vendedora entusiasmada, que coloca a palavra *fabuloso* em suas frases com uma frequência alarmante, deve ser praticamente ignorada quando diz que você está fabulosa com o vestido que está experimentando. Por outro lado, o "está bom" de uma pessoa reservada pode significar muita coisa. Lembra-se do fazendeiro em *Babe, o porquinho atrapalhado*? No fim do filme, quando o porquinho ganhou um grande evento de pastoreio de ovelhas, o sucinto fazendeiro Hoggit se vira para o porco e simplesmente diz: "Arrasou, porco". A frase de cortesia favorita do meu pai é "Você foi bem".

Bem. Parece uma palavra tão branda, na verdade. Um elogio com "bem" ou "bom" parece sem brilho

PARA PENSAR COM CALMA

Você é uma observadora de pessoas? Que tipo de coisas você já viu as pessoas fazendo quando pensavam que ninguém estava olhando?

quando comparado a "admirável", "maravilhoso" e "esplêndido". *Bom* parece estar em algum lugar entre "legal" e "correto". Mas a Bíblia deixa bem claro que "bom" é uma palavra muito especial. Na verdade, há apenas um que *é* bom (Mateus 19:17), e o restante de nós não chega nem perto!

1. Deus é o único que *é* bom, mas podemos fazer o bem. Dê alguns exemplos de coisas boas em nossas vidas.

2. Por que podemos fazer coisas boas? Mateus 12:35 nos dá uma ideia do motivo.

3. A escolha entre fazer o bem e fazer o mal pode parecer não pensada. Mesmo os não cristãos gostam de se considerar "pessoas basicamente boas". Veja Mateus 5:44-48 e Lucas 6:33. Como nossas escolhas são dificultadas?

> *Ser tocada pela graça extravagante de Deus acende algo dentro de nós que faz com que as pessoas percebam isso. É um brilho interior que é como uma luz exterior, na medida em que lança sua influência, apesar do grau de escuridão em que se encontra — não apenas apesar da escuridão, mas também por causa dela. Na escuridão, a luz se torna mais atraente, mais influente, mais valiosa e mais óbvia.*
>
> Patsy Clairmont

4. Às vezes é mais fácil escolher as coisas certas quando há algum incentivo envolvido. Existe uma recompensa por fazer o bem? Vale a pena o esforço para escolher o bem? Veja Mateus 25:21.

5. Pedro diz que é a vontade de Deus que façamos o bem. Por quê?

6. Daniel era um homem íntegro. Ninguém poderia fazer uma acusação contra ele, então tiveram que inventar uma! Provérbios 29:10 diz que "os violentos odeiam os honestos". A maioria das pessoas se ressente com a mulher que parece ter tudo sob controle. Ela deve ser boa demais para ser verdade. O que 1Pedro 2:20 diz sobre manter nossa integridade diante do julgamento alheio?

Sempre me impressiona o que as pessoas fazem em um veículo em movimento. Embora estejam rodeadas por janelas por todos os lados, de alguma forma as pessoas não percebem que todos podem vê-las. Já vi homens se barbeando, mulheres passando rímel, trocas de fraldas em andamento. Beijos são trocados, bobes são removidos, narizes são cutucados, discussões acaloradas estão em andamento — tudo à vista. Embora possa ser uma fonte infinita de diversão para os observadores de pessoas, serve como um lembrete para todas nós. Nossas vidas são vividas abertamente e as pessoas percebem como nos comportamos. Vamos orar para que mesmo aqueles que nunca conheceremos sejam tocados pela bondade que demonstramos uns aos outros. Afinal, eles saberão, pelo nosso amor, que somos cristãos (João 13:35)!

> *Nenhuma quantidade de trabalho permitirá que você herde a vida eterna. Mas as obras contam para alguma coisa. Não são se notícias? Tiago 1:12 diz: "Feliz é o homem que persevera na provação, porque depois de aprovado receberá a coroa da vida que Deus prometeu aos que o amam". Fico animada só de pensar no desfile de coroas para o qual posso me qualificar se trabalhar as obras daquele que me enviou.*
>
> Thelma Wells

7. Não importa onde estejamos, alguém pode estar apenas nos observando! Isso não precisa nos alarmar. Na verdade, Jesus dependia desse fato! O que ele ordena em Mateus 5:16?

As pessoas ao seu redor estão fazendo anotações sobre sua vida. Eu sei que você acha que podem não estar percebendo, mas elas anotaram exatamente como você reagiu quando teve que ficar naquela fila enorme, quando teve que dirigir no trânsito congestionado, quando teve que lidar com aquela pessoa difícil, quando o elevador não chegou a tempo. Elas têm feito anotações sobre você. E essas anotações serão lembradas.

Patsy Clairmont

8. Pedro dá às mulheres um excelente modelo de vida em 1Pedro 3:1-6. Somos chamadas de "filhas de Sara" quando fazemos o bem. Que tipo de coisas Pedro incentiva as mulheres cristãs a imitar?

Aprofundado

Como mulheres cristãs, somos desafiadas, nas páginas da Bíblia, a seguir os exemplos de homens e mulheres. Jó, Rute, Daniel, José, Paulo e Timóteo são todos admirados por sua integridade ao enfrentar as dificuldades. Vejamos algumas passagens da Bíblia que falam sobre uma vida sem culpa.

- Salmos 37:27
- Efésios 1:4
- 2Pedro 3:14
- Provérbios 11:20
- Filipenses 2:15
- Provérbios 13:6
- Colossenses 1:22

Refletir e Orar

Nos próximos dias, reflita sobre si mesma com cuidado. Sua caminhada combina com sua fala? Você está vivendo de uma maneira que silencia seus acusadores? Peça a Deus para ajudá-la a viver sem culpa. Além disso, ore para que Deus lhe dê uma grande compaixão nesta semana. Olhe, através dos olhos de Deus, para seu marido, seus parentes, filhos, amigos, vizinhos, colegas de trabalho, os estranhos com quem você cruza pelo caminho e as poucas pessoas que você prefere evitar. Ore por uma autenticidade que não tenha favoritos. Afinal, sua vida pode ser aquela que os faz ansiar por Deus!

De Bugigangas a Tesouros

Nesta semana descobrimos que Deus nos pediu para fazer o *bem*. Esse chamado abrange toda a nossa vida — nossos relacionamentos com família, amigos, estranhos e inimigos. Essa integridade de vida direcionará a Deus aqueles ao nosso redor. Já que Jesus chama nossas vidas de "luz", vamos entregar nossas bugigangas e começar uma melodia familiar. Acenda suas velas e cantarole *This Little Light of Mine*.

Anotações e Pedidos de Oração

CAPÍTULO DOZE

NÃO DESISTA!

"VOCÊS PRECISAM PERSEVERAR, DE MODO QUE, QUANDO TIVEREM FEITO A VONTADE DE DEUS, RECEBAM O QUE ELE PROMETEU."

Hebreus 10:36

Provavelmente todos nós estamos familiarizados com o conceito de que a vida cristã é uma corrida. Você sabe: "corramos com perseverança a corrida que nos é proposta" (Hebreus 12:1) e "Combati o bom combate, terminei a corrida, guardei a fé" (2Timóteo 4:7). E, claro, "Vocês não sabem que dentre todos os que correm no estádio, apenas um ganha o prêmio? Corram de tal modo que alcancem o prêmio" (1Coríntios 9:24). A essência dessas passagens é geralmente resumida em um apelo por persistência, disciplina e resistência. Bem, nunca esquecerei o domingo em que meu pastor redefiniu a corrida para mim!

De alguma forma, eu tinha vivido com a impressão de que precisava avançar à frente das pessoas ao meu redor. Queria ser aquela que receberia o prêmio. Comparada com algumas

PARA PENSAR COM CALMA

Você já terminou um projeto que levou muito tempo? Costurar uma colcha, organizar seus documentos, fazer álbuns de recortes com uma pilha de fotos, reformar uma sala, memorizar um capítulo da Bíblia, fazer uma grande apresentação no trabalho? Qual foi o seu grande trabalho, quanto tempo demorou e como você se sentiu quando finalmente concluiu a tarefa?

pessoas que conheci, eu estava indo muito bem. Poderia impressionar Deus, correndo mais rápido. Provaria que tinha mais disciplina, mais resistência. Enquanto outros caíam pelo caminho, meu ritmo parecia cada vez melhor.

Foi aí que entendi tudo errado. Veja, nossa "corrida" cristã não é uma competição entre crentes para ver quem pode ser mais espiritual. Deus não dá medalhas de ouro, prata e bronze na linha de chegada. Corremos *juntos*. Meu pastor nos pediu que imaginássemos nossa pequena congregação como um bando, todos agrupados e correndo como um grupo. Quando alguém tropeça, todo o bando ajuda a levantá-lo antes de ganhar velocidade novamente. Quando um membro fica cansado por causa do fardo e começa a tropeçar, outros se aproximam para apoiá-lo e ajudá-lo a carregar esse peso. Estamos aqui para ajudar uns aos outros em direção ao objetivo. É por isso que Deus nos deu uns aos outros.

1. Quem você considera parceiro nessa "corrida" da vida cristã? Diga o nome de alguns irmãos que estão contigo nessa trajetória.

2. O escritor de Hebreus diz: "Vocês precisam perseverar" (Hebreus 10:36). Por que fazer a vontade de Deus requer perseverança?

3. Como as pessoas que você citou anteriormente a ajudaram a perseverar? Como você pode ajudá-las ao longo da jornada da vida?

> *Se você tem dias em que se pergunta onde Deus está aparecendo, pense nos crentes que ele colocou em sua vida para influenciá-lo de maneira piedosa. Agradeça a ele por essas provas do trabalho dele em sua vida. Amigos piedosos são um dos presentes simples de Deus para nós.*
>
> Thelma Wells

4. O que acontece com as pessoas que não resistem? Marcos 4:17 nos dá um exemplo daqueles que não resistiram.

5. Paulo encoraja Timóteo a perseverar, não importa o que aconteça. Qual foi a *motivação terrena* de Paulo para perseverar (está em 2Timóteo 2:10) e, então, a *motivação celestial* dele para perseverar (em 2Timóteo 2:12)?

> *Talvez haja pouca satisfação imediata no que você foi chamado para fazer; mas, se você seguir em frente fielmente durante a noite, o Senhor é quem carrega uma recompensa nas mãos.*
>
> Sheila Walsh

6. Se alguém parecia ter "chegado" à maturidade cristã, era Paulo. Mas qual foi a atitude dele? Filipenses 3:12 nos mostra seu coração.

Nada dura como antigamente. Pelo menos é isso que estou sempre ouvindo. Quando alugamos uma casinha antiga do velhinho que era nosso vizinho de porta, fomos abençoados com o uso de seu antigo fogão. Era uma engenhoca enorme de esmalte — do tamanho e da cor de Moby Dick. Ficamos surpresos ao saber que o doce casal vizinho o comprou no ano em que se casou, e havia acabado de comemorar suas bodas de ouro.

Aquele eletrodoméstico de cinquenta anos tinha permanecido ali como um soldado! Durante o tempo em que usei aquele fogão antigo, passei por dois aspiradores de pó, duas torradeiras, três batedeiras e uma pipoqueira. Nesta sociedade apressada, com nossa mentalidade descartável, eu não quero quebrar como minha longa linha de batedeiras. Quero resistir como aquele bom e velho fogão!

Existe alguma coisa sobre saber que minhas falhas, as falhas dos outros, as dificuldades, os erros, as perdas e a dor têm significado. Para mim, essa compreensão alivia um pouco a agonia da vida e me incentiva a continuar.

Patsy Clairmont

7. Como Tiago descreve os cristãos que são capazes de perseverar? Veja em Tiago 5:11.

8. Você já quis desistir? O seu trabalho na igreja alguma vez a deixou esgotada? Seu trabalho a desgasta? Por que acha que o esgotamento acontece?

9. Paulo dá duas mensagens de encorajamento às suas igrejas sobre como prosseguir na caminhada cristã. Elas estão em Gálatas 6:9 e 2Tessalonicenses 3:13. O que Paulo diz?

> *Considere isto como uma regra prática: Deus nunca faz um chamado sem nos capacitar. Em outras palavras, se ele a chama para fazer algo, ele torna possível para você fazê-lo. E deixe-me dar um passo adiante: se você não sentir a força e a capacidade dele dentro de você para fazer isso, eu questionaria o chamado.*
>
> Luci Swindoll

APROFUNDADO

A parábola de Jesus sobre o semeador descreve aqueles que não perseveram na fé como aqueles que não criaram raízes. Existem várias passagens que se referem ao enraizamento. Leia estes versículos e explore suas descrições de uma vida devidamente fundamentada:

- Jeremias 17:8
- Efésios 3:17

- Provérbios 12:3, 12
- Colossenses 2:7

REFLETIR E ORAR

Busque o Senhor na Palavra nesta semana e ore para que ele a ajude a criar raízes profundas. Peça ao Senhor para lhe dar um pouco de coragem. Ore por força suficiente para fazer tudo o que está em seu caminho, para que você possa continuar avançando. Ele suprirá suas necessidades e permitirá que você se mantenha firme. Olhe ao seu redor nesta semana para ver quem está ao seu lado na corrida e encontre maneiras de aliviar os fardos e ajudá-los na jornada deles.

DE BUGIGANGAS A TESOUROS

Este último pequeno presente é algo para você compartilhar com seu "bando" particular enquanto correm juntas, encorajando umas às outras a aguentar firme e não desistir. É um pacote de chicletes. Quando os dias ficam longos e sua energia está diminuindo, algo tão pequeno como um chiclete pode realmente ajudá-la a se animar e a continuar o caminho. É uma explosão de frescor mentolado ou um impulso de açúcar. Então, desembrulhe um chiclete e ore por aderência ao seguir a vontade de Deus. Em seguida, ofereça um chiclete para sua irmã cristã, porque ela também pode precisar de um pequeno impulso.

Anotações e Pedidos de Oração

Vamos revisar?

Cada capítulo adicionou uma nova bugiganga ao seu tesouro de memórias. Vamos nos lembrar das lições que elas nos trazem?

1. Vaso de barro

A vontade de Deus para nossas vidas é igual à vontade *de Deus*! Comparadas ao nosso grande Deus, somos humildes vasos de barro. Mesmo assim, ele escolheu derramar suas riquezas e glória em nossas vidas.

2. Anel

A vontade de Deus é a de ter um relacionamento conosco, e o símbolo que colocamos em nossos dedos nos lembra daquele que nos ama mais do que as palavras podem dizer.

3. Flecha dourada

Um lembrete da direção que devemos escolher, mesmo nas menores decisões de nossa vida cotidiana.

4. Lata de lixo

É um "entra e sai de lixo". Enquanto Deus está trabalhando, transformando nossas vidas, pode haver um verdadeiro conflito de vontades. Para que nossa mente seja renovada, devemos preenchê-la com coisas que são puras, amáveis e verdadeiras.

5. ÍMÃ DE CORAÇÃO

Em meio a todas as coisas que podemos buscar, devemos escolher procurar Deus de todo o coração. Devemos permitir que nossos corações sejam atraídos por Deus assim como o ímã é atraído pela geladeira.

6. PERFUME

Nossas vidas são como uma névoa passageira, mas, planejando com base nos propósitos de Deus em nossos dias, a doce fragrância de nossas vidas permanecerá até mesmo para as gerações futuras.

7. SOLDADO DE BRINQUEDO

O propósito de Deus para nossas vidas inclui oração. Nosso pequeno "guerreiro da oração" nos lembra de que Jesus não está apenas orando por nós agora, mas que também podemos apoiar umas às outras em oração.

8. BOLHAS

A vontade de Deus é a de que tenhamos um coração agradecido. Encha o ar com bolhas cintilantes e faça de cada bolha uma canção de louvor e uma oração de agradecimento pelas bênçãos que Deus nos deu.

9. SABONETE

Deus está nos lavando, limpando nossos corações e nos tornando santas. Essa limpeza é o processo de preparação para todas as coisas boas que ele planejou que fizéssemos.

10. "SATISFAÇÃO GARANTIDA"

Esse adesivo serve como um lembrete. Deus quer que encontremos satisfação em nossas tarefas diárias e alegria no trabalho que está diante de nós. O trabalho é um presente de Deus e podemos encontrar contentamento em nossas situações diárias.

11. VELA

Com a melodia *This Little Light of Mine* permeando nossas mentes, lembramos que Deus nos chamou para brilhar com integridade. Você nunca sabe quem está te observando! Fazendo o bem, aqueles ao nosso redor serão atraídos a Deus.

12. CHICLETE

À medida que participamos da corrida que nos é proposta, dependemos de Deus para que possamos perseverar. Então, olhamos para os irmãos que estão correndo ao nosso lado e oferecemos a eles um chiclete também. Corremos juntos, ajudamos uns aos outros ao longo do caminho e terminamos juntos!

Guia do líder

Capítulo 1

Para pensar com calma: o dicionário define "obstinação" como "obstinadamente determinado a fazer as coisas à sua maneira". Por outro lado, "disposição" é estar "pronto para agir; avidamente complacente"; com "aceitação obstinada". Em termos espirituais, uma mulher caracterizada pela obstinação seria egocêntrica, obstinada, teimosa, queixosa, rebelde e simplesmente pecadora. No entanto, uma mulher com um coração disposto seria receptível ao aprendizado, flexível, pronta para servir, contente e alegre! Ore para que Deus lhe dê um coração disposto!

1. Todas nós temos nossas lutas com as "birras de crianças de dois anos" em nossa caminhada cristã. Quando as coisas não acontecem do nosso jeito, podemos ser reduzidas a fazer beicinho, a ter mudanças de humor, choramingar, resmungar, murmurar, fazer birras e chorar. Ao contrário da mãe perturbada, Deus não se move. Felizmente, o Espírito de Deus leva todo esse desabafo emocional com calma, e, quando nos acalmamos um pouco, a voz mansa e delicada dele nos traz de volta a um estado de espírito mais arrependido.

2. Muitas respostas são possíveis aqui. Não temos a perspectiva divina de Deus — apenas ele tem o quadro geral. Nossas emoções tendem a governar nossas decisões; só ele faz o bem o tempo todo. Ficamos desesperadas quando nossos problemas nos dominam; só Deus pode ver como essas provações estão transformando nosso caráter.

3. As respostas aqui serão variadas. Podemos ter uma conversa séria com Deus sobre emprego, aparência, traços de personalidade, maridos, filhos, pais, situação financeira, orações não respondidas, línguas afiadas, decepções, vícios, expectativas, habilidades, paz de espírito ou alegria.

4. A Bíblia diz que (1) o Oleiro tem o direito de decidir que tipo de vaso fazer com os pedaços de barro dele. Alguns de nós serão belas decorações, mas alguns de nós serão latas de lixo. Paulo também diz que (2) Deus tem o direito de exercer o julgamento dele. (3) Ele tem o direito de exercer seu poder. (4) Deus tem o direito de ser paciente com aqueles que estão no caminho da destruição. E, o melhor de tudo, (5) Deus tem o direito de derramar as riquezas de sua glória sobre nós, que recebemos misericórdia. Acho que você poderia dizer que Deus pode fazer o que lhe agrada!

5. Às vezes ajuda olhar para um versículo da Sagrada Escritura em outra tradução. Na versão do Novo Século, esse mesmo versículo diz: "Deus está trabalhando em você para ajudá-lo a querer fazer e ser capaz de fazer o que lhe agrada". Deus é capaz de mudar nossos corações para que queiramos fazer aquelas coisas que vão glorificá-lo! Torna-se nosso desejo fazer a vontade dele. Então, ele nos capacita a seguir em frente. Ele nos permite fazer a vontade dele também.

6. Romanos 12:2 diz: "para que sejam capazes de experimentar e comprovar a boa, agradável e perfeita vontade de Deus". A vontade de Deus é o que ele quiser. Se ele fosse uma criança mimada, isso poderia ser terrível e aterrorizante. Felizmente, a vontade dele é sempre boa, agradável e perfeita!

7. "E esta é a vontade daquele que me enviou: que eu não perca nenhum dos que ele me deu, mas os ressuscite no último dia"

(João 6:39). É a vontade de Deus que sejamos salvos. Jesus será fiel para ascender os seus.

Capítulo 2

Para pensar com calma: muitas pessoas diferentes em nossas vidas podem influenciar nossa compreensão inicial de quem é Deus e do que ele deseja para nós: pai, avô, professor da escola dominical, pastor, líder de jovens, líder de estudos da Bíblia, parente próximo, amigo, mentor. Você já pensou em como poderia ser usado para ajudar as pessoas ao seu redor em suas caminhadas? Alguém pode estar apenas fazendo anotações sobre você!

1. As respostas de cada uma serão diferentes aqui, pois cada uma de nós tem necessidades muito diferentes. Quão milagroso é saber que Deus nos conhece tão bem e que o relacionamento dele com cada uma de nós nos encontra exatamente onde estamos. O amor de Deus é tão profundo e tão pessoal, que não há necessidade de rivalidade entre irmãos na família cristã!

2. Marcos 3:35 diz: "Quem faz a vontade de Deus, este é meu irmão, minha irmã e minha mãe". Quando nos tornamos cristãos, somos bem-vindos na família de Deus. Ele nos chama de "co-herdeiros de Cristo" (Romanos 8:17) e nos lembra de que fomos adotados (Romanos 8:15). Somos irmãs do Salvador, e, um dia, ele nos receberá nas mansões que preparou para nós. O paraíso será como uma grande reunião de família. Que volta ao lar será!

3. Crer em Deus não é simplesmente entender as coisas com a cabeça. A fé não é apenas uma viagem para descobrir fatos. O conhecimento é um ponto de partida, mas não pode ser o ponto de parada. Tiago diz que acreditar nos mandamentos de Deus e ainda não agir de acordo com eles é um sinal seguro de uma fé

morta (Tiago 2:17). Jesus diz: "Se vocês me amam, obedecerão aos meus mandamentos" (João 14:15). Acredite em Jesus e deixe o que você acredita transformar sua vida! Viva sua fé!

4. Uma placa de igreja em nossa vizinhança contava uma nova piada nesta semana: "Todo mundo quer ir para o paraíso, mas ninguém quer obedecer a Deus". Certa vez, ouvi um pastor dizer que, se realmente crêssemos no que Jesus nos disse, seríamos um povo mudado. O cristianismo não tem a ver com comparecimento à igreja, ceias comemorativas e peças de Natal. Esse é um assunto sério e almas estão em jogo! Dê uma boa olhada no que Deus está lhe dizendo em sua Palavra e realmente creia. Veja se isso não muda você.

5. 1Timóteo 2:4 diz que "[Deus] deseja que todos os homens sejam salvos e cheguem ao conhecimento da verdade". Deus quer que o conheçamos. Ele quer que o busquemos. Ele prometeu revelar-se àqueles que o procuram (Deuteronômio 4:29). Essa é uma promessa maravilhosa para nós, mas também nos dá esperança para aqueles amigos não salvos por quem temos orado. É o desejo de Deus que eles também sejam salvos!

6. Como a pequena ovelha perdida que se desviou das outras noventa e nove, às vezes nos afastamos de Deus. Mesmo assim, somos tão preciosas aos olhos dele, que ele corre atrás de nós, não querendo perder nenhuma do rebanho. Mateus 18:14 diz: "Da mesma forma, o Pai de vocês, que está nos céus, não quer que nenhum destes pequeninos se perca". Deus não quer te perder!

7. Deus não está demorando apenas para despertar a nossa impaciência. É muito claro que ele está sendo misericordioso! Ele está esperando pacientemente, dando às pessoas mais tempo para se arrependerem. Irmãs, isso significa que temos um pouco mais de tempo para deixar nossos amigos, vizinhos e parentes saberem

sobre esse maravilhoso Salvador que os ama e tem um plano para suas vidas.

8. Jeremias 29:11 diz: "'Porque sou eu que conheço os planos que tenho para vocês', diz o Senhor, 'planos de fazê-los prosperar e não de lhes causar dano, planos de dar-lhes esperança e um futuro'". Essas palavras trazem muito conforto e confiança, porque podemos descansar na promessa de que Deus tem um plano para nós e que é um dos bons. Podemos não compreender nossas dificuldades atuais, mas sabemos que temos esperança e um futuro.

9. Paulo fala sobre seu chamado em 1Coríntios 1:1: "Paulo, chamado para ser apóstolo de Cristo Jesus pela vontade de Deus". Ele reconheceu que estava em um lugar de ministério porque esse era o propósito de Deus para sua vida. Paulo tinha uma perspectiva adequada, entendendo que não havia alcançado tanto por causa do cristianismo em seu próprio poder. O que foi realizado se deu através da capacitação de Deus e para a glória de Deus.

10. É muito importante lembrar que nosso chamado, e até mesmo nossos dons, podem mudar ao longo dos vários períodos da vida. Uma jovem mãe pode se sentir presa no berçário, mas as lições que ela aprender ali têm potencial para desenvolver seus dons iniciais de sabedoria e discernimento. Alguns podem nos encontrar na vanguarda, liderando e ensinando. Outras vezes, escapamos dos olhos do público, servindo como conselheiras e intercessoras. Ninguém é melhor que a outra, pois cada aspecto dá glória a Deus!

Capítulo 3

1. Visto que a Bíblia é a inspirada na Palavra de Deus, ela não corre o risco de se tornar desatualizada ou antiquada. Em vez

disso, é viva e eficaz (Hebreus 4:12). Temos a certeza de que seu poder divino nos deu todas as coisas de que precisamos para a vida e a piedade (2Pedro 1:3). Você pode aplicar os princípios bíblicos ao seu processo de tomada de decisão, sabendo que o "conselho" dele é bom, correto e verdadeiro.

2. Em João 15:8-12, Jesus apela para que seus seguidores façam várias coisas: tornem-se seus discípulos, deem frutos, obedeçam aos seus mandamentos e amem uns aos outros. Os resultados desse estilo de vida são magníficos: permanecer no amor dele e ter alegria completa! As Sagradas Escrituras estão repletas desses tipos de promessas — aquelas em que Deus diz: "Se você fizer isso, eu farei isso por você". Pegue um lápis de cor e comece a sublinhar essas preciosas palavras de vida. Então você saberá o que Deus quer!

3. Essa é uma pergunta difícil. Claro que a Bíblia não é qualquer coisa. Não podemos limitar algo que é "viva e eficaz e mais penetrante do que espada alguma de dois gumes" à estante de guias de nossa biblioteca. Esse realmente não é o seu propósito. Deus nos deu sua palavra para se revelar a nós. No entanto, no processo de falar conosco por meio de sua Palavra, Deus nos guia à medida que o seguimos. Ele nos conduz!

4. É difícil apontar como Deus nos conduz. De vez em quando, as coisas parecem funcionar! Frequentemente, um caminho surge por meio de circunstâncias aparentemente impossíveis. Às vezes, uma coisa parece certa. Já em outras, simplesmente não temos paz em nossos corações sobre uma decisão. Precisamos, em espírito de oração, prestar atenção a esses sussurros internos e às nossas circunstâncias. Essas são as coisas que Deus pode usar para nos ajudar a fazer nossas escolhas.

5. A resposta de todas vai variar aqui, pois é uma pergunta pessoal. Na maioria das vezes, o conselho é pedido a um(a) pastor(a), um(a) mentor(a), um(a) professor(a), aos pais, avós ou aos amigos de confiança.

6. A versão atual da Bíblia expressa os provérbios de forma muito direta quando afirma: "Os planos dos justos são retos, mas o conselho dos ímpios é enganoso" (Provérbios 12:5). Quando você estiver preocupada com uma decisão que deve tomar, não permita que suas perguntas a sobrecarreguem. Procure o conselho de alguém em quem você confia — alguém que a ame. Deus pode simplesmente usá-lo para falar contigo!

7. A tradução da Bíblia diz: "Qual era então o propósito da lei? Foi acrescentada por causa das transgressões, até que viesse o Descendente a quem se referia a promessa"(Gálatas 3:19). Ao estabelecer o padrão, as leis de Deus estabelecem a linha entre o certo e o errado. O mal é contra a vontade de Deus. Obediência é a vontade de Deus. Ele é glorificado quando nossas escolhas estão de acordo com a vontade dele.

8. Efésios 2:3 descreve o nosso estado decaído: "Anteriormente, todos nós também vivíamos entre eles, satisfazendo as vontades da nossa carne, seguindo os seus desejos e pensamentos". Mas agora não atendemos a todos os caprichos e impulsos egoístas. Paulo adverte contra ser governado por nossos apetites: "Mas esmurro o meu corpo e faço dele meu escravo, para que [...] eu mesmo não venha a ser reprovado" (1Coríntios 9:27).

9. "Pois sabemos que o nosso velho homem foi crucificado com ele, para que o corpo do pecado seja destruído, e não mais sejamos escravos do pecado; pois quem morreu, foi justificado do pecado" (Romanos 6:6-7). Temos o poder de Deus para fazer a coisa certa. Ele nos permite fazer a Sua vontade! Estamos livres do controle do pecado. Você acredita nisso?

Capítulo 4

1. "Ora, as obras da carne são manifestas: imoralidade sexual, impureza e libertinagem; idolatria e feitiçaria; ódio, discórdia, ciúmes, ira, egoísmo, dissensões, facções e inveja; embriaguez, orgias e coisas semelhantes" (Gálatas 5:19-21).

2. "Mas o fruto do Espírito é amor, alegria, paz, paciência, amabilidade, bondade, fidelidade, mansidão e domínio próprio" (Gálatas 5:22,23). Se estivermos vivendo vidas caracterizadas pelo fruto do Espírito Santo, não apenas Deus será glorificado... Será bom estarmos por perto!

3. Não é preciso muito para se destacar hoje em dia. Paciência, preocupação e atitude compreensiva ajudam muito em uma loja movimentada, uma longa fila ou na rodovia. As pessoas percebem um sorriso caloroso, um elogio e uma disposição para ouvir como sinais de cortesia incomum.

4. "Pois desci do céu, não para fazer a minha vontade, mas para fazer a vontade daquele que me enviou" (João 6:38). Jesus veio a esta terra com uma missão. Embora confrontado com tentações e suas próprias emoções humanas, ele nunca perdeu esse foco. Sabia que havia um propósito divino por trás de tudo o que estava acontecendo. Ele se moveu pela vida com a certeza de que o caminho de seu Pai era o melhor.

5. "Para que, no tempo que lhe resta, não viva mais para satisfazer os maus desejos humanos, mas sim para fazer a vontade de Deus" (1Pedro 4:2). Pedro diz que devemos viver para a vontade de Deus! Imagine viver cada hora de cada dia com esse propósito sempre diante de nós. Seríamos transformados por esse tipo de foco!

6. "Não se amoldem ao padrão deste mundo, mas transformem-se pela renovação da sua mente, para que sejam capazes de experimentar e comprovar a boa, agradável e perfeita vontade de Deus" (Romanos 12:2). Como outra tradução coloca, devemos ser "transformados pela renovação do vosso entendimento".

7. Muitos cristãos têm testemunhos incríveis da transformação que Deus fez em suas vidas na mesma hora em que foram salvos. Para a maioria de nós, porém, Cristo está trabalhando em nossas vidas ao longo de dias, meses e até anos. O processo de renovação é contínuo e, às vezes, frustrante. Nem sempre é fácil e não vai acontecer da noite para o dia. A promessa é que ele é fiel para completar o que começou!

8. "Finalmente, irmãos, tudo o que for verdadeiro, tudo o que for nobre, tudo o que for correto, tudo o que for puro, tudo o que for amável, tudo o que for de boa fama" (Filipenses 4:8). O ditado "lixo entra, lixo sai" é simplesmente verdade. Somos sutilmente influenciadas pelo que nos rodeia. Um bom amigo pode nos levar para mais perto de Deus, mas podemos facilmente cair em uma espiral de fofoca, calúnia, perda de tempo, indulgência, ocupação e excesso. Você está gastando muito tempo com pessoas que só trazem à tona o que há de pior em você? Observe cuidadosamente as outras áreas que entram em sua mente: livros, revistas, televisão, rádio, filmes, músicas e internet. A influência deles supera em muito a de Deus em sua vida?

9. A transformação não está em nosso próprio poder ou força — é um ato de graça. Deus nos transformará, pois "somos sua criação" (Efésios 2:10).

Capítulo 5

1. Aquelas de nós que gostam de um passatempo muito sério ou apresentam outro interesse têm dificuldade em transmitir certas coisas: livros de receitas, vendas de garagem, lojas de tecidos, sebos de livros, viveiros de jardins, aparelhos de cozinha etc. Somos atraídas, como se por alguma força invisível, pela busca de nossa paixão particular. Essas são saídas de nossa criatividade dadas por Deus e adicionam interesse e beleza às nossas vidas.

2. O Espírito de Deus dentro de nós está sempre instigando nosso coração com anseio pelas coisas do Senhor. Nós o sentimos nos atraindo para a sua Palavra e para a oração. Ficamos entusiasmadas quando compreendemos alguma verdade pela primeira vez. Ansiamos estudar a Bíblia e compreender Deus mais profundamente. Ele também inspira em nós o amor por outras pessoas, um amor que talvez não existisse antes, e o desejo de que essas pessoas também conheçam a Deus.

3. "Fazendo de coração a vontade de Deus" (Efésios 6:6). Encontrar a vontade de Deus não pode ser uma busca indiferente para o cristão. Devemos ser sinceras, entusiasmadas e sem reservas ao buscar o caminho de Deus!

4. Todas nós já passamos por aqueles momentos em que nos perdemos em algo que amamos. O tempo passa quando estamos absortos em um bom livro, cuidando do jardim, folheando livros ou visitando amigos. Depois, há as tarefas temidas que adiamos, até que nos forçamos a cuidar delas: esfregar o chão, retornar ligações no trabalho, tirar o lixo, pagar as contas, limpar o forno, tirar o pó do ventilador de teto, preparar uma apresentação importante.

5. Tudo o que fizer, "fazei-o de todo o coração, como ao Senhor". Imagine a emoção de um dia estar diante do Senhor e ouvi-lo dizer "Muito bem, servo bom e fiel". A rotina da vida não vale um pouco a pena ao saber que Deus se agrada dela?

6. "E agora, ó Israel, que é que o Senhor seu Deus pede de você, senão que tema o Senhor, o seu Deus, que ande em todos os seus caminhos, que o ame e que sirva ao Senhor, ao seu Deus, de todo o seu coração e de toda a sua alma" (Deuteronômio 10:12). Simplifique esses comandos apenas observando os verbos envolvidos aqui: devemos temer, fazer, amar e servir!

7. "Busquem, pois, em primeiro lugar o Reino de Deus e a sua justiça, e todas essas coisas lhes serão acrescentadas" (Mateus 6:33). Quando tentamos fazer tudo na vida no nosso tempo e com nossas próprias forças, estamos fadados a tropeçar e falhar. É somente quando Deus está em primeiro lugar em nossas vidas que o resto fica para trás. Vamos começar nossas manhãs com a melodia de *Seek Ye First* em nossos corações e lábios!

8. "Ame o Senhor, o seu Deus de todo o seu coração, de toda a sua alma, de todo o seu entendimento e de todas as suas forças" (Marcos 12:30).

9. Quando falamos sobre nosso coração, geralmente nos referimos às nossas emoções, aos nossos impulsos e desejos mais profundos. Nossas mentes trazem pensamentos, planos, criatividade, esperanças e sonhos. Nossa força incluiria nossos esforços, energias e nosso tempo. Deus deseja que entreguemos todos esses aspectos de nosso ser a ele.

Capítulo 6

1. Aquelas de nós que são planejadoras são capazes de mapear maneiras de estender a mão e tocar o coração de nossas irmãs. Fazemos as folhas de inscrição, planejamos os dias de trabalho, organizamos os clubes secretos das irmãs e podemos confiar que cumpriremos o cronograma. Deus também usa aquelas de nós que são irmãs espontâneas. Visitamos nossos amigos, compramos presentinhos bobos, fazemos piqueniques no parque e damos telefonemas encorajadores. Uma maneira não é a maneira certa, nem um estilo é melhor que o outro. Deus usa ambos para a glória dele.

2. O planejamento nos ajuda a manter o controle, a manter nosso foco e a atingir nossos objetivos. O planejamento para os propósitos de Deus em nossas vidas pode ser tão simples quanto reservar tempo em nossa programação diária para a leitura da Bíblia e a oração. Ao investir mais tempo para estabelecer uma rotina para nossos dias, abençoamos nossa família e a nós mesmas com a necessária estabilidade. Ao nos proteger contra um estilo de vida apressado, somos capazes de permanecer fiéis aos propósitos de Deus nas pequenas decisões e escolhas que enfrentamos todos os dias.

3. "'Porque sou eu que conheço os planos que tenho para vocês', diz o Senhor, 'planos de fazê-los prosperar e não de lhes causar dano, planos de dar-lhes esperança e um futuro'" (Jeremias 29:11). Embora nem sempre possamos ver a mão de Deus em nossas vidas, os planos dele estão se desdobrando ao nosso redor. Podemos descansar na confiança de que, no fim, os planos são para o nosso bem, e temos esperança.

4. "Como não pudemos dissuadi-lo, desistimos e dissemos: 'Seja feita a vontade do Senhor'" (Atos 21:14). Quando confrontados com a convicção de Paulo de que Deus realmente o estava

conduzindo nessa direção improvável, seus amigos cristãos desistiram dos argumentos. Claro, eles tinham bom senso ao seu lado. Claro, foi difícil desistir de seus próprios desejos nessa decisão. Mas, eles pararam de implorar a Paulo para mudar de ideia. Eles o entregaram aos cuidados de Deus e disseram: "Seja feita a vontade do Senhor".

5. "Peço que agora, finalmente, pela vontade de Deus, seja-me aberto o caminho para que eu possa visitá-los" (Romanos 1:10). A mesma frase é inserida na história de Paulo novamente em Atos 18:21.

6. "Vocês nem sabem o que lhes acontecerá amanhã! Que é a sua vida? Vocês são como a neblina que aparece por um pouco de tempo e depois se dissipa. Ao invés disso, deveriam dizer: 'Se o Senhor quiser, viveremos e faremos isto ou aquilo'" (Tiago 4:14-15). Tiago incentiva os crentes a se lembrarem de que a vontade de Deus deve ser o foco de nossos planos. Envolvermo-nos nas decisões de negócios diárias e nas tarefas domésticas pode nos fazer esquecer de que a vida é mutável e passageira — como o vapor. Devemos manter o principal como o principal, ou corremos o risco de desperdiçar nosso tempo. A vontade do Senhor deve estar em primeiro lugar em nossas mentes.

7. Muitas de nós definimos metas para nós mesmas. "No primeiro dia do ano, quero ver isso realizado". Ou categorizamos tarefas e metas em planos de um, cinco e dez anos. Ao avaliar esses grandes esquemas da perspectiva de Deus, muitas vezes descobrimos que as coisas que são mais importantes para ele foram completamente deixadas de fora! Certifique-se de que seus objetivos não incluam apenas reparos na casa, promoções de emprego, viagens em família, perda de peso e paisagismo. Lembre-se de incluir metas que honrem a Deus em sua vida — fazer amizade com vizinhos não

salvos, ler a Bíblia em um ano, memorizar a Sagrada Escritura e fazer viagens missionárias de curto prazo.

8. Somos criaturas de hábitos; portanto, para o bem ou para o mal, caímos em algum tipo de padrão. Esses padrões tornam-se tradições que ajudam a estruturar e familiarizar os nossos dias. Lembre-se de quando você era criança, do quanto você amava aqueles eventos confiáveis, fosse o Dia de Ação de Graças na casa da vovó ou uma história favorita para dormir todas as noites. Vale a pena o esforço para estabelecer algumas tradições que honram a Deus. Se você tem seus próprios filhos, é provável que algum dia eles as levem para suas próprias famílias!

9. Muitas coisas nos atrapalham — arrumação da casa, horas extras no trabalho, planejamento de refeições, programação de atividades extracurriculares, transporte diário, manutenção da lavanderia, manutenção do jardim, todos aqueles pequenos reparos de que a casa precisa. Ao mesmo tempo, nossos corações anseiam por tempo na Palavra de Deus, momentos de oração, memorizando a Sagrada Escritura, dias de oração e jejum e tempo regular para devoções com família e amigos. Como combinamos todas essas coisas? É preciso um pouco de coragem para colocar nossas casas em ordem. Às vezes, devemos dizer "não", mesmo às coisas "boas", por um tempo. Simplifique seu estilo de vida o suficiente para garantir que as coisas importantes sejam abordadas. Em seguida, você pode, em espírito de oração, considerar o que mais pode fazer sem perder de vista o básico.

Capítulo 7

1. A oração é uma das únicas maneiras de nos comunicarmos com o Deus Todo-Poderoso. Alguns compararam a oração a outras formas de comunicação: conversas pessoais, telefonemas, cartas.

Outros a compararam ao próprio ar que respiramos, essencial para nossa vida espiritual — sem ela, sufocaríamos. Você está inspirando profundamente ou sua vida de oração se limita a suspiros curtos?

2. A oração, por si só, é uma admissão de que Deus é Deus. Ele é divino, maior, mais santo. Somos humanos, imperfeitos e necessitados. Nós nos voltamos para ele em submissão, dando-lhe todo o louvor que ele merece e implorando que ele aja em nosso nome. Embora possamos chegar com confiança diante do trono de Deus (Hebreus 4:16), ainda reconhecemos a autoridade dele sobre nós. A oração também é uma forma de ligar nosso coração ao dele. Ao sussurrar ao nosso Pai Celestial cada pensamento e cuidado, nosso espírito é atraído à presença dele e retorna com uma sensação de doce segurança e paz.

3. Jesus sabe que, depois de voltar para o Pai, os discípulos ficarão sozinhos, à mercê de um mundo que os desprezará. Ele ora para que o Pai mantenha seus discípulos seguros — "protege-os em teu nome, o nome que me deste" (versículo 11), livrando-os do mal (versículo 15). Jesus deseja que eles tenham unidade (versículo 11). E deseja que o Pai lhes dê alegria (versículo 13).

4. "Minha oração não é apenas por eles. Rogo também por aqueles que crerão em mim, por meio da mensagem deles" (João 17:20). Ei! Somos nós! Jesus estendeu sua oração àqueles de nós que, gerações depois, creem.

5. "E eu pedirei ao Pai, e ele lhes dará outro Conselheiro para estar com vocês para sempre" (João 14:16). Jesus orou para que o Pai enviasse o Espírito Santo, o Conselheiro, o Ajudador.

6. "Foi Cristo Jesus que morreu; e mais, que ressuscitou e está à direita de Deus, e também intercede por nós" (Romanos 8:34). "Portanto ele é capaz de salvar definitivamente aqueles que, por

meio dele, aproximam-se de Deus, pois vive sempre para interceder por eles" (Hebreus 7:25). Neste exato momento, Jesus continua orando por você.

7. "Epafras, que é um de vocês e servo de Cristo Jesus, envia saudações. Ele está sempre batalhando por vocês em oração, para que, como pessoas maduras e plenamente convictas, continuem firmes em toda a vontade de Deus" (Colossenses 4:12).

8. Uma maneira maravilhosa de entrar em oração é orar as palavras da Sagrada Escritura de volta ao Deus que as inspirou. Encontre orações bíblicas ou outras passagens que falam ao seu coração e, em seguida, ore por você, sua família e seus amigos.

9. "Da mesma forma o Espírito nos ajuda em nossa fraqueza, pois não sabemos como orar, mas o próprio Espírito intercede por nós com gemidos inexprimíveis" (Romanos 8:26). Quando não conseguimos encontrar as palavras, o Espírito nos ajuda a orar.

Capítulo 8

1. "Nós, porém, que somos do dia, sejamos sóbrios, vestindo a couraça da fé e do amor e o capacete da esperança da salvação" (1Tessalonicenses 5:8). Gratidão!

2. Sabemos que devemos dar graças a Deus, não importa quais sejam as nossas circunstâncias. Às vezes, porém, é muito difícil encontrar um motivo. Afinal, qual é o sentido de alguns dos pequenos aborrecimentos que acontecem nos nossos dias? Precisamos apenas confiar em tudo isso. Deus está usando essas pequenas provações para chamar nossa atenção para as coisas, para nos permitir agir de acordo com nossa fé e, no fim, nos trazer como ouro (1Pedro 1:7)!

3. O salmista ensaia aqui as maravilhas da criação de Deus. Deus é o Rei de todos os deuses e toda a terra pertence a ele.

4. "Não andem ansiosos por coisa alguma, mas em tudo, pela oração e súplicas, e com ação de graças, apresentem seus pedidos a Deus" (Filipenses 4:6). Parece que devemos encarar o Senhor com gratidão, mesmo quando precisamos de algo mais! Mesmo quando invocamos o nome dele para vir e nos resgatar, podemos estar lembrando daqueles momentos em que ele se mostrou fiel.

5. "Louvarei o nome de Deus com cânticos e proclamarei sua grandeza com ações de graças" (Salmos 69:30). "Como é bom render graças ao Senhor e cantar louvores ao teu nome, ó Altíssimo" (Salmos 92:1). Quer você assobie, cantarole ou cante com toda a força de seus pulmões, uma canção de louvor e ação de graças é uma maneira maravilhosa de dizer "obrigada" a Deus!

6. As canções de agradecimento são muitas e variadas. Algumas das favoritas são *Great Is Thy Faithfulness*, *Thank You Lord* (*for saving my soul*), *Give Thanks* (*with a grateful heart*). Mesmo que a música não diga exatamente "obrigada", Deus vê o coração de louvor e agradecimento de quem a está oferecendo.

7. "Tudo isso é para o bem de vocês, para que a graça, que está alcançando um número cada vez maior de pessoas, faça que transbordem as ações de graças para a glória de Deus" (2Coríntios 4:15). Quando abundam as ações de graças, Deus é glorificado. Quando vivemos nossas vidas com um coração agradecido, Deus recebe a glória.

8. "Sempre damos graças a Deus por todos vocês, mencionando-os em nossas orações" (1Tessalonicenses 1:2). Devemos ser gratos uns pelos outros, nossos irmãos na fé!

Capítulo 9

1. "Santificação" significa "santidade" na Sagrada Escritura, e santificar algo é torná-lo santo.

2. "Santo" é geralmente definido como "separado". De certa forma, a santidade é difícil de definir. Somente Deus é verdadeiramente santo — esse é um de seus atributos e o diferencia de tudo o mais. Principalmente, associamos a ideia de "santo" com pureza, perfeição, impecabilidade e luz. Deus é santo, e aqueles que ele escolhe são separados para a santidade também. "Vocês serão santos para mim, porque eu, o Senhor, sou santo, e os separei dentre os povos para serem meus" (Levítico 20:26).

3. "Porque Deus nos escolheu nele antes da criação do mundo, para sermos santos e irrepreensíveis em sua presença" (Efésios 1:4). Mesmo antes de Caim e Abel terem um brilho proverbial aos olhos de Adão, Deus sabia quem você seria. Ele a amou e queria que você fosse separada para a glória dele.

4. "Mas, assim como é santo aquele que os chamou, sejam santos vocês também em tudo o que fizerem" (1Pedro 1:15).

5. João 17:19, pela verdade. 1Tessalonicenses 5:23, pelo próprio Deus. Efésios 5:26, pela Palavra (a Bíblia). Hebreus 10:10, pelo sacrifício de Jesus. 1Timóteo 4:5, pela Palavra de Deus e pela oração. Números 15:40, pela obediência a Deus. Romanos 15:16, pelo Espírito Santo. Hebreus 10:29, pelo sangue de Cristo.

6. "Será vaso para honra, santificado, útil para o Senhor e preparado para toda boa obra" (2Timóteo 2:21). A Tradução Nova Vida nos chama de *utensil God can use*, ou seja, "utensílio que Deus pode usar". Não somos salvas para apenas nos sentarmos

e ficarmos bonitas. Deus deseja que sejamos úteis a ele; portanto, esteja disponível para os planos do Pai!

7. Somos "um povo particularmente seu, dedicado à prática de boas obras" (Tito 2:14). Estamos prontos para boas obras! Zelo implica entusiasmo, vontade e um nível de compromisso que não pode ser desviado de seu propósito. Você é um vaso voluntário para o Senhor, comprometida com a vontade dele para sua vida?

8. "Antes, santifiquem Cristo como Senhor no coração" (1Pedro 3:15). Estamos assumindo uma postura ativa aqui, separando nossos corações para Deus. Pedro está nos encorajando a nos comprometermos com a vontade de Deus e nos disponibilizarmos para fazer o que ele quiser.

Capítulo 10

1. "Descobri também que poder comer, beber e ser recompensado pelo seu trabalho, é um presente de Deus" (Eclesiastes 3:13). Quaisquer que sejam suas tarefas diárias, e quaisquer que sejam os alimentos e bebidas que chegam à sua mesa, todos são presentes de Deus!

2. Embora algumas de nós devamos sonhar acordadas com a chance de relaxar sem absolutamente nada para fazer, logo ficaríamos entediadas. O trabalho nos dá a chance de exercitar nossa criatividade, expandir nossas mentes, movimentar nossos músculos e usar nossos dons. Nossas tarefas nos dão uma sensação de realização, satisfação e orgulho. O trabalho honesto torna nosso descanso mais doce, nossa comida mais saborosa e nossas camas uma amostra do paraíso no final do dia!

3. Se você pretende se "divertir" em tudo o que faz, a vida rapidamente se tornará muito "não divertida". Se suas tarefas são inglórias, tente ver o panorama geral. Deve haver alguma maneira de resgatar o tempo que você gasta no trabalho. Ore pela transformação de Deus em suas atitudes. Peça a ele para lhe mostrar uma maneira de encontrar satisfação em cumprir suas responsabilidades.

4. Um novo computador, um novo vizinho, um novo micro-ondas, um novo carro, uma nova cafeteira ou uma nova camada de tinta realmente mudariam tanto? Não espere que sua lista de queixas seja satisfeita antes de estar disposta a seguir em frente na vontade de Deus. Ele pode usá-la exatamente onde você está, mesmo que não seja exatamente onde você deseja! Aproveite as oportunidades da vida e seja grata pelo presente!

5. O dicionário define "contentamento" como "felicidade com a própria situação na vida". Alguns diriam que contentamento é estar satisfeito com o que você tem.

6. "Esforcem-se para ter uma vida tranquila, cuidar dos seus próprios negócios e trabalhar com as próprias mãos" (1Tessalonicenses 4:11). Parece uma vida muito simples para mim!

7. Ganância, inveja, cobiça, ciúme, "a concupiscência dos olhos" — diga o que quiser, podemos ser enredados por ela! Hebreus 13:5 diz: "Conservem-se livres do amor ao dinheiro e contentem-se com o que vocês têm, porque Deus mesmo disse: 'Nunca o deixarei, nunca o abandonarei'". A cobiça viola um dos Dez Mandamentos de Deus! Não precisamos procurar satisfação em outro lugar, porque, de acordo com essa passagem de Hebreus, temos Jesus! Embora nossas posses nesta terra possam ser passageiras, Jesus nunca nos deixará.

8. "Aprendi a adaptar-me a toda e qualquer circunstância" (Filipenses 4:11). Embora Paulo tivesse muitos amigos e seguidores, ele nunca poderia ter certeza de para onde Deus o enviaria. Ele viajou a pé e de barco. Às vezes, ele era bem-vindo; às vezes, era ridicularizado e expulso da cidade. Foi espancado, apedrejado e naufragado. Mesmo assim, Paulo escreveu essas palavras de uma cela de prisão!

9. "A piedade com contentamento é grande fonte de lucro" (1Timóteo 6:6). A versão do Novo Século coloca desta forma: *Serving God does make us very rich, if we are satisfied with what we have*, ou seja, numa tradução livre, "Servir a Deus nos torna muito ricos, se estivermos satisfeitos com o que temos".

Capítulo 11

1. Boa comida, boas notas, bons momentos, boas notícias, bons velhos tempos, boas ações, boas intenções, bons samaritanos. Muitas das coisas de que gostamos ou que fazemos na vida podem ser chamadas de boas. Afinal, quando Deus criou este mundo, ele olhou e disse que era bom.

2. "O homem bom, do seu bom tesouro, tira coisas boas, e o homem mau, do seu mau tesouro, tira coisas más" (Mateus 12:35). Os cristãos podem fazer "coisas boas" por causa da transformação que Deus trouxe aos nossos corações. Agora somos templos do Espírito Santo. Em vez de fazer o que vem naturalmente — agir de forma egoísta ou com segundas intenções –, recebemos a coragem, a força e até mesmo a inspiração de fazer a coisa certa.

3. Não seria tão ruim se pudéssemos permanecer em nosso pequeno grupo de amigos cristãos e apenas amar e encorajar uns

aos outros até que o bom Senhor volte. Mas Lucas 6:33 diz: "E que mérito terão, se fizerem o bem àqueles que são bons para com vocês? Até os 'pecadores' agem assim". "Mas eu lhes digo: Amem os seus inimigos e orem por aqueles que os perseguem" (Mateus 5:44). Jesus nos chama para ir contra nosso melhor julgamento. Quem em sã consciência ama a pessoa que lhe persegue? No entanto, nossos rivais, nossos concorrentes, nossos zombadores — aqueles de quem instintivamente nos afastaríamos — são esses a quem somos chamados a demonstrar bondade.

4. Há uma promessa de que, se formos fiéis em algo pequeno, teremos coisas maiores para administrar. Além disso, cada uma de nós deseja ouvir essas boas-vindas quando finalmente formos chamadas de volta para casa. "Muito bem, servo bom e fiel! Você foi fiel no pouco; eu o porei sobre o muito. Venha e participe da alegria do seu senhor" (Mateus 25:21). Ou, como meu pai diria, "Você fez bem". Talvez, quando mantivermos a eternidade em nosso ponto de vista e basearmos nossas decisões nas opiniões de Deus, acharemos mais fácil escolher o que é bom.

5. "Pois é da vontade de Deus que, praticando o bem, vocês silenciem a ignorância dos insensatos" (1Pedro 2:15). A integridade de nossas vidas deve ser tal, que ninguém possa fazer acusações contra nós. Quando pessoas tolas tentarem apontar o dedo para você, ficará óbvio para todos que a conhecem que as acusações são infundadas.

6. "Pois que vantagem há em suportar açoites recebidos por terem cometido o mal? Mas se vocês suportam o sofrimento por terem feito o bem, isso é louvável diante de Deus" (1Pedro 2:20). Não há glória em receber o que você merece. Mantenha sua integridade diante do julgamento alheio e não fique tentada a se provar. Deus nos pede para enfrentar essa perseguição com

paciência e graça. Isso é difícil de fazer, mas recomendável aos olhos de Deus.

7. "Assim brilhe a luz de vocês diante dos homens, para que vejam as suas boas obras e glorifiquem ao Pai de vocês, que está nos céus" (Mateus 5:16). Nossas boas obras glorificam a Deus e também indicam os outros na direção dele. Somos como *outdoors* cristãos!

8. Submissão aos nossos maridos, comportamento piedoso, beleza interior, um espírito gentil e quieto, confiança em Deus — todas essas coisas são consideradas ser filhas de Sara e verdadeiramente belas.

Capítulo 12

1. As pessoas mais próximas de nós podem ser familiares e amigos, mas não se esqueça de que o seu círculo de apoio inclui aqueles que oram por você e aqueles por quem você ora. Todos nós que somos crentes estamos unidos de alguma forma.

2. Deus nos assegurou que, embora o caminho dele venha a ser o melhor no final, não é fácil. A vida de um cristão incluirá provações, tentações, armadilhas e perseguições. Devemos nos aplicar, construir nosso relacionamento com nosso Salvador e encorajar uns aos outros ao longo do caminho, se quisermos "receber a promessa" no fim.

3. Orações, palavras amáveis, conselhos sábios, risos compartilhados, um ombro amigo, apoio moral em decisões difíceis, um recado de encorajamento, um abraço rápido, um aceno de apoio, uma piscadela. Aqueles cujas vidas se entrelaçam com a nossa

podem ajudar a edificar uns aos outros e tornar as dificuldades da vida mais suportáveis.

4. Aqueles que não têm resistência acabam tropeçando ao primeiro sinal de problema. Eles não se enraizaram em Deus e não têm nada de onde tirar quando a vida fica difícil. Sem uma fonte de força, eles estão condenados antes mesmo de começar.

5. Paulo estava disposto a suportar todo tipo de provação e perseguição aqui na terra por causa de seus irmãos na fé. Ele queria que mais homens e mulheres fossem alcançados por meio de sua pregação. Para o bem de cada alma que Deus tocasse, ele se manteria firme. Por outro lado, Paulo estava olhando para o céu, pois ele disse: "se perseveramos, com ele também reinaremos" (2Timóteo 2:12). Ele sabia que Jesus recompensaria sua obediência no fim.

6. "Não que eu já tenha obtido tudo isso ou tenha sido aperfeiçoado, mas prossigo para alcançá-lo, pois para isso também fui alcançado por Cristo Jesus" (Filipenses 3:12). Nenhuma de nós alcançará a perfeição deste lado do céu. Paulo lutou com o mesmo tipo de coisas que nós lutamos. Cristo está trabalhando em cada uma de nós, trazendo-nos cada vez mais perto do que ele deseja que sejamos. Nenhuma de nós "chegará" até que realmente cheguemos à glória!

7. Que bela declaração: "nós consideramos felizes aqueles que mostraram perseverança" (Tiago 5:11). Isso não faz você querer aguentar mais um dia? Mais uma hora? Pelo menos mais alguns minutos?

8. Quando algumas pessoas ficam com o peso da responsabilidade sobre os ombros, não demora muito para que se cansem do

fardo. Até mesmo coisas boas, como o trabalho na igreja, podem desanimar um cristão que não está sendo apoiado por seus irmãos na fé. É nesse momento que vemos a importância de participar da corrida juntos, certificando-se de que uma mão esteja pronta para ser estendida a quem precisa de um pequeno impulso.

9. Gálatas 6:9 diz: "E não nos cansemos de fazer o bem, pois no tempo próprio colheremos, se não desanimarmos". Paulo diz: "E vós, irmãos, não vos canseis de fazer o bem". Tudo vai valer a pena no fim.

Agradecimentos

© CLAIRMONT, P.; JOHNSON, B.; MEBERG, M.; SWINDOLL, L. *Joy Breaks*. Grand Rapids: Zondervan Publishing House, 1997.

© CLAIRMONT, P.; JOHNSON, B.; MEBERG, M.; SWINDOLL, L. *The Joyful Journey*. Grand Rapids: Zondervan Publishing House, 1998.

© CLAIRMONT, P. *The Best Devotions of Patsy Clairmont*. Grand Rapids: Zondervan Publishing House, 2001.

© JOHNSON, B. *The Best Devotions of Barbara Johnson*. Grand Rapids: Zondervan Publishing House, 2001.

© MEBERG, M. *The Best Devotions of Marilyn Meberg*. Grand Rapids: Zondervan Publishing House, 2001.

© SWINDOLL, L. *The Best Devotions of Luci Swindoll*. Grand Rapids: Zondervan Publishing House, 2001.

© WALSH, S. *The Best Devotions of Sheila Walsh*. Grand Rapids: Zondervan Publishing House, 2001.

© WELLS, T. *The Best Devotions of Thelma Wells*. Grand Rapids: Zondervan Publishing House, 2001.

© WOMEN of Faith, Inc. *We Brake for Joy*. Grand Rapids: Zondervan Publishing House, 1997.

Este livro foi impresso pela Vozes, em 2024
para a Thomas Nelson Brasil. A fonte usada no miolo é
Cochin 10/14. O papel do miolo é pólen bold 90g/m^2,
e o da capa é cartão 250g/m^2.